〰〰〰〰〰〰 님의 꿈을 응원합니다.

〰〰〰〰〰〰〰〰〰〰〰〰〰〰〰

〰〰〰〰〰〰〰〰〰〰〰〰〰〰〰

〰〰〰〰〰〰〰〰〰〰〰〰〰〰〰

〰〰〰〰〰〰〰〰〰〰〰〰〰〰〰

나눔부자 나눔부자

부의 나침반

부의 나침반

4년 만에
100억
자산가

| 나눔부자 김형일 지음 |

3 When?

인생만 타이밍이냐, 부동산 투자야말로 타이밍이다

4 How?

'천기누설', 나눔부자의 부동산 잘 사는 방법

에필로그

📍 대한민국 최고의 자린고비라 자부하는 나, 대왕소금은 지난 17년간 짠돌이로 살며 그저 밥만 굶지 않는 삶에 만족해왔다. 열심히 일하고 아끼는 것이 올곧은 삶이라 믿었던 까닭이다. 그러던 중 나눔부자를 만나 부동산 투자를 접하게 되었고, 지난 3년간 10억 원 이상의 수익을 창출하는 '기적'을 직접 체험하게 되었다. 나눔부자의 1대 제자이자 투자 파트너인 '바늘구멍'이 탄생한 순간이다. 이제 나는 짠돌이가 아닌 전업 부동산 투자자의 길을 걷고 있다. 부동산 투자야말로 경제적 자유인이란 목표에 가장 빠르고 안전하게 도달할 수 있는 고속도로라는 확신이 생겼기 때문이다. 나눔부자와 지난 3년을 함께하며 이 책의 제목처럼 '부의 나침반'의 위력을 직접 경험한 나는 경제적 성공을 향하는 가장 빠른 지름길을 이 책에서 찾을 수 있다고 자신 있게 말하고 싶다.

/ **이대표** 80만 회원 '짠돌이 카페' 카페지기 대왕소금, 《부자가 된 짠돌이》 저자

📍 나눔부자는 내가 알고 있는 한 가장 다양한 투자 경험을 가진 부동산 투자자다. 그는 아파트는 물론 다세대주택, 빌라, 단독주택, 상가, 토지 등 모든 분야의 부동산 투자를 직접 실행에 옮기며 독자적인 노하우를 쌓아왔다. 나눔부자는 지난 10년 동안 그 누구보다 열정적으로 부동산 투자를 이어왔고, 그러한 경험은 그를 부동산 투자의 거인으로 만들었다. 《부의 나침반》을 읽은 후 새삼 나눔부자가 부동산 투자에 있어서 독보적인 경험과 지식을 갖췄음을 깨달았다. 이 책에는 부동산 투자의 모든 것이 담겨 있다. 부동산 투자를 통해 확실한 부를 쟁취하고 싶다면 망설임 없이 《부의 나침반》을 선택해야 한다.

/ **빠숑** 부동산 칼럼니스트, 《대한민국 부동산 투자》 저자

📍 《부의 나침반》은 지식이 아닌 경험으로 쓴 책이다. 흔하디흔한 부동산 투자 관련 책을 몇 권 읽은 후 비슷한 내용을 짜깁기한 것이 아닌, 나눔부자가 10여 년간 직접 투자한 경험을 생생하게 저술한 '살아 있는 책'이다. 과거 손가락이 잘릴 정도로 팍팍했던 흙수저의 삶을 딛고 이제는 경제적 자유인으로 거듭난 나눔부자의 '투자 일지'는 그 자체만으로도 충분한 가치가 있다. 이 책을 통해 독자들은 부동산 투자자가 가

지는 고민과 그 고민을 어떻게 극복해나가는지를 배울 수 있을 것이다. 경제적 자유를 꿈꾸는 많은 사람들에게 일독을 권한다.

/ 아기곰 부동산 칼럼니스트, 《재테크 불변의 법칙》 저자

나는 지난 2009년부터 재테크 전문카페 '텐인텐' 회원들을 대상으로 '경제적 자유 아카데미'를 진행해왔다. 근 10년간 약 1만 5,000명이 해당 강의를 통해 나름대로의 성과를 일궜다는 사실에 내심 뿌듯해하며 보람을 느끼곤 한다. 나눔부자 역시 나와 같은 마음이 아닐까. 내가 가진 작은 노하우를 공유함으로써 다른 이들을 경제적 자유인의 삶으로 이끌겠다는 따뜻한 의지가 이 책에 담뿍 녹아 있는 듯하다. 경제적 자유를 꿈꾸는 사람이라면 이 책에서 제시하는 부의 나침반을 따라 행복한 부자로 거듭나길 바란다.

/ 박범영 80만 회원 '텐인텐' 카페지기 서현&규환아빠

당당한 '짠돌이 카페' 회원인 나 역시 나눔부자처럼 칼국수와 같이 싸고 맛있는 음식들만 찾아다니고, 오래 입을 수 있는 옷을 고르는 데 집중했던 '짠돌이 시절'이 있었다. 오랜 세월, 소비보다는 절약과 저축을 우선순위에 올려놓은 까닭이다. 돌이켜 생각해보면 참으로 궁색한 생활이었다. 그렇게 아등바등 모은 종자돈으로 부동산 투자에 나선 것 또한 비슷하다. 어느 정도 경제적 성과를 이룬 지금, 나는 저축에 대한 근본적인 의문을 갖게 되었다. 과연 지금과 같은 저금리 시대에 저축만으로 부자가 될 수 있을까? 한없이 불가능에 수렴하리라. 부자가 되기 위해서는 적절한 투자를 통해 물가 상승률 이상의 수익을 거둬야 한다. 지난 30년 동안 물가 상승률 이상의 증가를 기록해온 부동산에 대한 투자는 수많은 답 중 하나가 될 수 있을 터다. 자신의 진솔한 경험과 노하우를 담은 나눔부자의 이야기를 통해 더 많은 사람들이 부자가 될 수 있다는 희망을 갖고 꿈을 키우길 바란다.

/ 김유라 《나는 마트 대신 부동산에 간다》 저자

경제적 자유인이 되는 길, 부동산 투자에 답이 있다

고백하건대 필자는 가난이 지긋지긋하게 싫었다. 어려운 가정환경 탓에 열네 살이라는 어린 나이에 손가락 하나를 잃었고, 부모님은 아들의 손가락을 다시 붙이지 못했다는 자책감을 안고 살아야 했다. 평생 없이 살던 놈이 할 수 있는 일이라고는 그저 절약, '짠돌이 짓'밖에 없었다. 아이들에게 돼지갈비 대신 칼국수를 사 줘야 했던 못난 가장, 그게 바로 필자의 과거 모습이다. 돌이켜 생각해보면 돈을 벌기 위해 안 해본 일이 없었다. 남들이 손가락질하는 채권 관리 및 추심은 물론, 안경테 도매, 주식, 펀드, 경매 등 돈 되는 일이라면 어떤 분야든 마다하지 않았다.

필자의 인생이 바뀌게 된 계기는 부동산 투자자로 전업하기 전 마지막으로 종사했던 경매였다. 경매를 통해 부동산의 가능성을 확인한 필자는 어떤 일이 있어도 절대 건드리지 않겠다고 다짐했던 '보금자리'를 담보로 대출을 받아 부동산 투자를 시작했다.

본격적으로 부동산 투자에 나선 지 4년째. 가족 모두의 삶을 저당 잡혀 마련한 1억 원의 종자돈은 어느새 부동산 40여 개, 자산 규모 100억 원대로 늘어났다. 이제 필자는 아이들이 마음껏 뛰놀 수 있는 널찍한 집도 마련했고, 기분 내킬 때마다 여행도 떠나곤 한다. 옷이나 음식을 선택할 때에도 이제 더 이상 가격표가 기준이 되지 않는다. 돈과 시간, 모두에서 자유를 얻는 '진정한 경제적 자유'의 초입쯤에 들어섰음을 실감한다.

여기까지 오는 과정에서 욕도 꽤 많이 먹었다.

"당신 같은 부동산 투자자 때문에 서민들이 힘든 거다."

어느 정도 공감은 하지만, 결코 동의할 수는 없는 주장이다. 필자는 그 누구보다 성실하게 세금을 납부해왔다. 부동산 투자로 얻은 수익은 절대 숨길 수 없는 까닭이다. 실패로 귀결된 몇몇 투자에 대한 손해 역시 오롯이 필자의 몫이었다. 물론 부동산 투자로 벌어들인 돈이 더 많은 것은 사실이지만, 그렇다고 수천만 원에 달하는 손해가 대수롭지 않게 여겨지는 것은 아니다. 결국 각자의 다른 선택에 따른 결과의 차이인 셈이다.

필자가 이 책을 쓰는 이유는 부동산 투자를 권장하기 위함이 아니다. 이 책을 읽고 어느 누군가는 필자나 바늘구멍 이대표처럼 부동산 투자자의 길을 선택할 수도 있겠지만, 대다수의 독자들은

'내 집 마련'이라는 한 가지 목표를 이루는 것에 만족할 터다. 이 책이 부디 부동산으로 인해 고통받는 이들에게 지침이 되어주길 간절히 바라본다.

부동산 투자에 나선 후 많은 사람들이 필자에게 '부동산 투자처'에 대한 정보를 물어온다. 직설적으로 말하면 '어디가 돈이 되는 부동산이냐'고 질문한다. 하지만 필자가 그것을 어떻게 알겠는가? 어느 누구도 부동산의 미래 시세를 정확하게 예측하지는 못한다. 필자 역시 그간의 경험과 지식을 통해 가격 상승 가능성이 높은 지역 및 물건을 대략적으로 예상할 뿐이다. 다만 필자에게는 한 가지 추천 기준이 있다. 바로 '필자가 직접 투자한 물건'에 한해 투자를 제안한다는 것이다. 무책임하게 추천을 남발하는 일부 투자자들의 행태에 신물이 난 까닭이다.

필자는 욕심이 참 많다. 가능하다면 필자가 확신하는 물건은 모두 매입하고 싶다. '돈이 되는 물건'이라고 확신하기 때문이다. 하지만 자금의 한계로 인해 확신이 드는 모든 물건에 투자하는 것은 불가능하다. 바로 이것이 포인트다. 필자가 이 책을 쓰면서 가장 많이 들었던 또 다른 질문 중 하나는 바로 '그렇게 좋은 정보면 너 혼자 알고 있지 왜 공개하느냐'는 것이었다.

맞다. 그래서 필자도 지난 4년 동안 꽁꽁 감춰왔다. 내 돈 벌기에만 급급해 남까지 챙길 여력이 없었다. 하지만 2년 전 바늘구멍 이대표와의 만남을 계기로 필자의 이러한 생각이 많이 달라졌다.

어차피 필자가 모두 소화하지도 못할, 소위 말하는 '넘치는 정보'를 조금 제공해준 것만으로 바늘구멍이란 한 사람의 인생이 매우 긍정적으로 변화하는 과정을 보는 것은 필자에게 매우 큰 감명을 안겨줬다. 필자의 작은 도움, 어찌 보면 이미 투자를 마친 내게는 그다지 중요하지 않은 정보를 공유함으로써 다른 이의 삶을 드라마틱한 변화로 이끌어주는 것은 말로 형용할 수 없는 보람을 선사한다.

흙수저의 삶을 살았던 까닭일까. 필자의 지인들 모두 나로 인해 새로운 기회를 잡을 수 있다면 그것만으로도 내 삶의 가치가 풍족해질 것이라는 다소 건방진 생각에 이 책의 집필을 결심했다.

물론 앞으로도 좋은 조건의 물건에는 필자가 먼저 투자를 할 것이다. 당연하다. 필자가 직접 해당 내용을 분석하고 발로 뛰어서 가치를 확인한 물건인 만큼 응당 필자가 먼저 투자를 해야 하지 않겠는가? 필자는 아직도 배가 많이 고프다. 하지만 적어도 의뭉스럽게 살고 싶지는 않다. 필자에게서 흘러넘치는 정보가 예전의 나와 같은 '서민', 좀 더 솔직히 표현하면 '흙수저'들의 삶을 조금이라도 윤택하게 바꿔줄 수만 있다면 아무 조건 없이 공유할 것이다. 실제로 필자는 참여하고 있는 몇몇 '부동산 단톡방(부동산을 공부하는 단체 카카오톡)'에서 이러한 투자 정보를 무상으로 제공하고 있다.

필자는 평소 '나눔부자'라는 닉네임을 사용한다. 다소 쑥스러운 자화자찬이 될 수도 있겠지만, 보잘것없는 필자의 지식과 경험이 다른 이들에게 작은 도움이나마 되길 바라는 마음을 담았다.

부동산 투자는 책 100권을 읽는 것보다 성공한 투자자의 강의를 듣는 게 좋고, 강의 100번을 듣는 것보다 투자를 직접 실천해보는 게 좋다. 이 책을 읽는 독자들 모두 꼭 부동산 투자를 직접 실천함으로써 경제적 자유인이 되길 바라본다.

- 무더위의 끝자락에서

(구)흙수저 나눔부자

1

Why?

우리는 왜 부동산에
주목해야 하는가?

· 내 손가락 어디 갔어? ·

———

· 부동산 불신 부추기는 하락론자의
'인디언 기우제 지내기'를 멀리하라 ·

———

· 언제까지 전세·월세 부담에
벌벌 떨면서 살 것인가? ·

우리는 누구나 경제적 자유를 꿈꾼다. 하지만 누구나 경제적 자유를 누릴 수 있는 것은 아니다. 경제적 자유인이 되기 위해서는 '돈'이라는 요소가 '넉넉하게' 필요한 까닭이다. 때문에 우리는 경제적 자유인이란 목적지까지 가는 가장 빠른 길, 바로 부동산 투자에 주목해야 한다.

내 손가락 어디 갔어?

내가 부동산 투자에 나선 이유, 자유로운 삶에는 돈이 필요하다

돈이 없어 잘린 손가락, 어머니의 무너지는 가슴,

먹먹한 기억으로 남아

필자의 오른손은 다른 사람과 달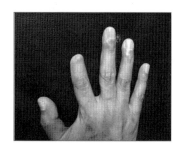
리 검지에 손가락 한 마디 정도
가 없는 참 못난 손이다. 하지만
필자는 평생 이 손을 숨기며 살
지 않았다. 사람들이 이유를 물
어볼 때면 그저 담담하게, '폭력조직에 있었는데 탈퇴하려고 잘
랐다'라거나 '손해를 많이 봐서 주식을 끊으려고 잘랐다'는 농으
로 되받아치곤 했다. 그런데 사실 마음 한편으로는 못난 손에 대
한 원망스러움과 부끄러움을 품고 있었다. 비단 손 모양이 남들

과 다르다는 이유 때문만은 아니었다. 검지 한 마디가 없는 이 손이야말로 가난에 허덕이던 어린 시절을 증명하는 까닭이었다.

필자는 중학교 2학년 때 10여 년을 살아온 전라북도 장수군에서 대구광역시로 이사를 떠났다. 손가락이 절단된 것은 이사하기 1년 전, 중학교 1학년 때 부모님의 일을 도와주던 중 작두에 사고를 당했다.

돌이켜 생각해보면 손가락이 잘렸다는 사실을 인지하기까지 꽤 많은 시간이 걸렸던 것 같다. 그저 멍하니 피가 콸콸 솟는 손가락을 바라보기만 했을 뿐, 고통이란 감각까지 도달한 것은 제법 오랜 시간이 흐른 뒤였다.

오히려 많이 놀란 것은 옆에 있던 어머니였다. 어머니는 부지불식간에 벌어진 사고에 울음조차 내뱉지 못하는 어린 아들을 안고, 창고 한편에 떨어진 피 묻은 손가락을 챙겨 병원으로 가기 위해 부랴부랴 밖으로 나왔다. 하지만 사람보다 짐승이 더 많은 시골마을에서 차를 잡는 것은 언감생심이었다. 지금은 흔하디흔한 택시조차 연례행사로 보던 때라 마을에서 차가 가장 많이 다니는 도로에 서서 무작정 손을 흔들며 운전자들의 온정을 기대하는 수밖에 없었다.

다행히 그리 오랜 시간이 지나지 않아 인상 좋은 중년 아재의 트럭을 얻어 탈 수 있었다. 하지만 어렵사리 도착한 장수의 한 병원에서는 청천벽력과 같은 선고가 내려졌다.

"여기서는 수술을 할 수 없으니 전주로 가서 봉합수술을 하거나, 아니면 그냥 그대로 꿰매서 지혈이라도 해야 합니다."

어머니는 머뭇거렸다. 전주까지의 물리적인 거리와 생각보다 큰 수술 비용, 당장 주머니 속 꼬깃꼬깃한 지폐의 액수 등 부모로서의 책임과 현실적인 경제사정 사이에서 깊은 갈등을 했을 터다. 결국 어머니는 고개를 푹 숙이며 '지혈이라도 잘 부탁한다'는 말을 꺼냈다. 그렇게 내 손가락은 휴지통으로 들어가버렸다. 당시 필자의 나이는 겨우 열네 살, 어머니의 말을 거역하기에는 너무나 어린 나이였다. 그렇게 나의 손가락은 봉해졌고, 그나마 있던 돈을 몽땅 병원비로 낸 탓에 또다시 지나가는 트럭을 잡아 타고 집으로 와야만 했다.

올해로 어머니가 세상을 등진 지 어느덧 10년이 흘렀다. 손가락이 잘리고 어머니가 흙으로 돌아가실 때까지 35여 년 동안 필자는 단 한 번도 손가락에 관한 이야기를 하지 않았다. 19년 전에 별세하신 아버지에게도, 지금까지 각별하게 지내는 동생에게도 말이다. 어쩌면 일부러 손가락 이야기를 꺼내지 않았을지도 모른다. 그 일은 오히려 나보다 내 가족에게 더 큰 상처였을지도 몰랐기에.

철없던 한때에는 어머니를 원망한 적도 있었다. 돈 몇 푼이 아까워 아들에게 장애를 강요한 어머니가 못내 미웠다. 물론 이제는 필자도 안다. 그 당시 어머니는 처해진 상황에서 할 수 있는 한 최선을 다했을 것이다. 검지가 없어 젓가락질을 어색하게 하던 아들의 모습을 보는 어머니의 가슴은 얼마나 미어졌을까? 만약 어머니를 다시 만날 수만 있다면 왼쪽 손가락 하나를 더 잘라도 좋으리라.

돌이켜보면 정작 장수에서 전주까지의 거리는 그리 멀지 않았다. 하지만 어머니에게 그 거리는 물리적 거리가 아닌 경제적 거리로 다가왔을 것이다. 이동에 소모될 교통비, 손가락을 붙이는데 드는 수술비, 최소 며칠의 입원비까지, 미뤄 짐작컨대 온 가족이 몽땅 달려들어 몇 달, 아니 몇 년을 벌어야 겨우 마련할 수 있는 금액이었을 것이다. 돈이 이렇게 무섭다. 만약 집안 사정이 넉넉했다면, 아니 적어도 우리 가족이 전주의 변두리에서라도 살았다면 아마 필자의 손가락은 온전히 붙어 있을지도 모른다.

이쯤에서 정리하자면, 잘린 오른손 검지는 어린 시절 어려웠던 우리 집안 사정의 증명인 동시에 내가 돈을 벌어야 하는 이유다. 물론 잘린 손가락 때문에 부동산 투자의 길로 들어선 것은 아니다.

20대 후반에 경제활동을 시작한 후 부동산 투자의 길로 들어서기까지 약 15년간, 잘린 손가락의 상처를 내 가족에게 대물림하지 않기 위해 오직 일, 돈을 버는 행위에만 매진해왔다. 그동안 각종 아르바이트부터 안경테 도매, 통신업, 채권 추심까지 안 해본 일이 없었다. 또한 부동산 경매와 주식, 펀드 등 다양한 분야에 투자를 하는 한편, 돈을 아끼는 일에 집중해왔다. 각종 매체를 통해 '대구 짠돌이'로 소개될 정도였던 내가 얼마나 지독하고 지질하게 살아왔는지는 굳이 설명하지 않겠다.

지금도 잘린 내 손가락을 물끄러미 바라볼 때면 불현듯 어머니가 떠오른다. 수십 년 동안 아들의 손을 마주할 때마다 가슴이 무너져내렸을 어머니의 심정을 생각하면 가슴이 먹먹해진다. 어머니는 어쩌면 평생 자신의 무능을 원망하며 살았을지 모른다. 그런 어머니의 마음을 알기에 필자는 더욱 열심히 돈을 벌고자 노력해왔고, 부동산 투자를 시작한 후에는 아예 출장의료서비스를 요청할 만큼 큰돈을 벌 수 있었다. 비록 어린 시절 가난으로 인해 손가락이 잘리기는 했지만, 역설적이게도 잘린 손가락 덕분에 경제적 자유를 얻을 수 있었던 것이다.

이제는 내 손이 부끄럽지 않다. 오히려 수십억 원의 돈을 벌게 해준 근거이자 이유인 사라진 오른손 검지가 더없이 고마울 따름이다.

숯불갈비보다 칼국수가 더 맛있다고?
– 마이산에 내버리고 온 가장의 권위

필자의 고향 장수에 가기 위해서는 반드시 88고속도로를 타야 한다. 때문에 고향에 갈 때면 으레 가까운 마이산에 들르곤 한다.

십 몇 년 전, 모처럼 가족들과 마이산 등산에 나선 적이 있다. 정확히 언제였는지는 기억나지 않는다. 다만 제법 험한 마이산을 오르내리느라 아이들의 원성이 대단했던 것은 여전히 생생하게 기억한다. 투덜대는 아이들을 어르고 달래서 겨우겨우 등산을 마치고 내려오는 길, 엄청난 활동량에 배 속이 격렬하게 요동을 쳐댔다.

"얼른 내려가서 밥 먹자."

그 말 한마디에 지친 티를 팍팍 내던 아이들의 발걸음이 거짓말처럼 빨라졌다. 오를 때보다 월등히 빨라진 걸음걸이로 산 출구에 다다르자 어디선가 고소한 고기 굽는 냄새가 풍겨왔다. 코가 먼저 반응을 하고, 자연스레 시선이 냄새의 근원지를 찾았다. 야속하게도 그곳에는 '흑돼지통구이전문점'이 줄지어 서 있었다. 아이들은 이미 고기를 뜯을 생각에, 기대에 찬 눈빛으로 가장을 바라보고 있었다.

당시 필자의 심정은 어린 시절 손가락이 잘린 아들에게 봉합수술을 시켜줄 수 없었던 어머니의 마음과 같았다. 경제적 여건상 내게 지혈 정도의 응급처치만 해줬던 어머니처럼 필자 역시 돈이 아까워 선뜻 아이들에게 고기를 먹자고 제안할 수 없었던 것이다. 결국 필자는 어린아이들을 강압해 좀 더 아래쪽에 있는 칼국수집으로 데려갔다.

"고기보다 칼국수가 더 맛있어."

퉁퉁 부은 아이들의 볼따구니가 못내 마음에 걸렸지만, 그보다 돈을 아꼈다는 기쁨이 더 컸을 만큼 참 못난 아비이자 가장이었던 나의 '흑역사'다. 더불어 고백하건대 당시 그 사건만 있었던 것이 아니다. 필자가 어떤 일을 선택함에 있어서 가장 중요하게 생각하는 기준은 항상 '돈'이었다. 예를 들어 아무리 고기가 먹고 싶어도 스스로 정한 식대를 넘어가면 절대 선택하지 않는 식이었다. 그 시절 필자가 정한 한 끼 식대는 3,000원 안팎이었다. 지금은 흔하디흔한 김밥천국 같은 곳도 없을 시기였기에 늘 필자의 식사 장소는 허름한 동네 백반집이었다.

옷 역시 마찬가지다. 필자에게 옷은 멋을 내는 수단이 아닌 그 저 '사람답게 살기 위한 최소한의 복장'이 전부였다. 벗고 다닐 수는 없으니 최대한 싸고 오래 입을 수 있는 옷만 골라 샀던 것이다. 결혼식장에 입고 갈 그럴듯한 양복조차 없이 살았으니, '절약'이라는 측면에서는 성공했을지 몰라도 사람으로서의 도리는 하지 못했던 듯싶다.

부동산 투자로 꽤 큰돈을 번, 그리고 억대 연봉을 가뿐히 넘는 지금의 필자는 과거와 180도 달라졌다. 이제는 아이들이 말하지 않아도 먼저 좋은 음식점을 찾아가고, 남들이 입을 떡 벌릴 만한 가격의 옷을 선물한다. 금액을 확인하기에 앞서 어떤 음식이 맛있을까를 고민하는 나의 모습에서 비로소 돈이란 요물의 힘을 절절히 깨닫게 된다.

'다다익선'이란 옛 선조들의 격언이 이처럼 들어맞는 경우가 또 있을까. 어느 누군가는 무소유를 주장하지만, 자유경제주의 속

사회적 동물인 우리는 결코 돈 없이는 사람답게 살 수 없다. 이러한 확신은 바로 필자가 직접 겪은 '경험'을 근거로 하기에 그 누구에게도 당당하게 주장할 수 있는 것이다. 만약 어린 시절 우리 집에 돈이 있었다면 필자는 잘린 손가락을 복원했을 것이고, 가정을 이룬 후 넉넉한 살림이었다면 아이들에게 칼국수가 아닌 흑돼지 통구이를 실컷 먹였을 것이다. 여느 드라마 속 밑바닥 인생만큼은 아닐지 몰라도 필자에게 돈에 사무치는 이유는 차고 넘친다.

그동안 이런저런 일을 하면서도 누릴 수 없었던 경제적 자유에 대한 갈증이 풀린 것은 4년 전부터 본격적으로 시작한 부동산 투자 덕분이었다. 지금은 40개 이상의 부동산을 보유하고, 연간 수억 원 이상의 수입을 올릴 만큼 나름대로 탄탄한 입지를 다졌다고 자부한다. 덩달아 사랑하는 아내와 아이들에게도 제법 괜찮은 남편과 아버지 역할을 하고 있다.

필자가 부동산 투자를 선택한 이유는 단순하다. 부동산 투자야말로 '돈을 벌고 싶다'는 평생의 목표에 이르는 길이기 때문이다. 소위 말하는 '스펙'부터 변변치 않은 필자가 언감생심 경제적 자유를 누리기 위해서는 남들과는 다른 방식으로 돈을 벌어야 했고, 부동산 투자를 접한 후 '바로 이거다'라는 확신을 갖게 되면서 지금에 이르렀다.

참 많은 사람들이 부동산 투자에 대해 부정적인 견해를 갖고 있다. 아니, 부동산 그 자체를 미덥지 않게 생각한다는 표현이 더 적절할 것이다. 분명히 밝히건대 필자는 오직 '직접 경험'한 것만을 기반으로 말한다. 부동산 전업 투자자 4년차, 나눔부자 김형일의 현재 재산 상황은 부동산 40여 개, 총 자산 100억 원가량이다. 이 모든 성과는 오로지 부동산 투자로만 일군 것이다. '돈을 벌고 싶다'는 평생의 목표를 이루어준 부동산 투자에 대한 확신이 더욱 깊어지는 이유다.

아이들에게 물고기 잡는 법을 가르쳐야 해

이른바 '밥상머리 교육'은 우리나라만의 독특한 교육 방식이다. 개인주의가 두드러지는 요즘과 달리 가족 모두가 한자리에 모여 식사를 했던 과거에는 밥상머리 교육을 통해 아이들에게 기본적인 소양을 가르치곤 했다.

필자는 군이 식사 시간이 아니더라도 아이들과 지속적으로 소통하기 위해 노력한다. 하지만 필자가 아이들에게 주로 가르치는 것은 '도덕' 혹은 '윤리'와 같은 사람으로서 지켜야 할 덕목이 아니다. 물론 아이들에게 인간으로서의 도리도 어느 정도 가르치고 있기는 하지만, 대부분의 시간을 '경제 교육'에 할애하고 있다. 가난했던 어린 시절과 짠돌이 생활로 점철된 필자의 못난 점을 물려주지 않기 위해서다.

유대인의 정신적 근간을 기록한 《탈무드》에서는 물고기를 주지 말고 물고기 잡는 법을 가르치라고 말한다. 필자는 부디 내 아이들이 조기 경제 교육을 통해 보다 빨리 경제적 자유인이 되길 바란다.

흔히 학교에서 배우는 미·적분이나 화학 기호가 사회생활을 하는 데 무슨 필요가 있느냐고 말하곤 한다. 충분히 공감이 가는 말이다. 학교에서 받는 교육은 그저 좋은 대학에 진학하기 위한 능력을 기르는 데 도움이 될 뿐이다. 물론 좋은 대학을 나와 좋은 직장에 들어가려면 반드시 이런 공부가 필요할 터다.

여담이지만 필자는 아이들에게 학교 공부를 강요하지 않는다. 부모가 강압적으로 시킨 공부는 결국 부모의 만족일 뿐, 아이들의 성장을 위한 자양분으로 작용하지 못한다. 필자가 아이들에게 다소 강요하는 교육은 바로 경제 교육이다.

필자가 경매에 한창 열심이던 시절 초등학생인 아이들과 평범한 전업주부인 아내와 함께 종종 경매장을 찾곤 했다. 또한 주중에 일을 하면서 짬짬이 경매 물건을 검토한 후 주말이면 아내와 아이를 차에 태우고 직접 물건을 보러 임장을 다니기도 했다.

필자의 노력이 통한 것일까. 이후 아내는 열심히 공부해 부동산 공인중개사 자격증을 취득하고 현재 중개소를 운영하면서 틈틈이 독자적인 투자까지 진행하고 있다. 아이들 역시 필자의 바람대로 부동산에 높은 관심을 보이는 것은 물론, 저마다 경제적 철학을 구축하고 있다. 지금 생각해보면 아내는 필자를 참 잘 내조해줬고, 아이들은 어렸음에도 불구하고 싫은 내색 없이 잘 따라다녔으니 그저 고마울 따름이다.

물론 교육에 대한 부모들의 생각은 제각기 다를 것이다. 하지만 경제 분야는 그 무엇보다 조기 교육이 중요하다고 확신한다. 진정으로 아이들의 미래를 생각한다면 설날 받은 세뱃돈을 빼앗을 궁리만 할 것이 아니라 그 돈을 불릴 수 있는 방법을 가르쳐줘야 한다.

우리 아이들의 미래를 긍정적인 방향, 좀 더 솔직히 말하면 '부자가 되는 길'로 인도하는 것은 오롯이 부모의 역할이자 책임임을 기억해야 한다. 이런 간접경험을 통해서 아이들이 경제관념도 갖고, 목표도 갖게 되는 것이다. 이것이 진정한 밥상머리 교육이 아닐까 생각한다. 그래서 필자는 한동안 어린이들을 대상으로 경제교육을 하기도 했다.

왜 이렇게 늦게 부동산에 눈을 떴을까?
억울하고 억울하다!

필자는 흙수저의 삶을 살았기에 투자를 하고 싶어도 여유자금이 없어 그저 아끼는 삶을 살 수밖에 없었다. 또 어렵게 모은 돈조차 혹시 손해를 볼까 싶어 과감하게 투자할 생각을 하지 못했다. 그저 주식이나 펀드, 경매에 조금씩 투자할 뿐이었다. 좋은 투자처를 제안받아도 대출, 즉 빚을 내기 싫어 극구 사양했던 기억이 여러 번 있다.

흙수저 인생 속에서 필자가 오랫동안 관심을 가졌던 분야가 바로 '부동산 투자'다. 물론 자금 여력도 부족하고, 여러 이유로 투자를 망설인 탓에 4년 전에야 비로소 본격적인 투자의 길로 들어서게 되었다.

필자가 부동산을 접하게 된 것은 금융권에서 채권 관리 업무를 담당하면서부터다. 채권 회수 과정에서 부동산 경매 절차를 접하게 되었는데, 실무를 진행하다 보니 자연스럽게 '부동산은 돈이 된다'는 사실을 알게 되었다. 당시 깨달은 또 다른 사실은 의외로 많은 사람들이 경매를 통해 부동산을 접하고 있다는 것이었다. 경매는 곧 부동산을 저렴하게 매입할 기회라는 고정관념 때문이었다. 필자 또한 이러한 고정관념을 갖고 있었고, 실제로 여러 경매에 입찰하기도 했지만 결과는 기대와 달리 형편없는 수준이었다.

필자의 경험에서 알 수 있듯이 경매는 부동산 투자의 한 분야일 뿐, 절대 부동산 투자의 전부가 아니다. 일반적으로 경매는 전체 부동산 시장의 5%밖에 안 된다는 것이 정설이다. 즉, 작은 케이크에 수많은 개미가 달려드는 꼴인 셈이다. 꾸준히 부동산 공부를 해오던 필자가 과감하게 전업 투자자를 선언하게 된 것 역시 이 같은 고정관념을 타파할 수 있었기 때문이다. 필자는 경쟁률이 치열하고 과정이 복잡한 경매보다 훨씬 좋은 조건의 급매물 투자 방식이 있다는 것을 깨닫고, 이후 부산-대구-서울로 이어지는 '대세 상승장'을 직접 목격한 끝에 부동산 투자에 대한 가능성을 확신하게 되었다.

필자는 부동산에 대한 잘못된 고정관념으로 인해 수많은 기회비용을 허공에 날려버리는 우를 범했다. 조금만 더 일찍 부동산 투자의 가능성을 깨달았다면 지금의 배에 달하는 수익을 올릴 수도 있었으리라. 부디 독자들은 필자와 같은 어리석음을 반복하지 않길 바란다.

나눔부자의 한마디

"아이들의 경제 교육은 빠르면 빠를수록 좋다."

부동산 불신 부추기는 하락론자의 '인디언 기우제 지내기'를 멀리하라

당신이 부자 되는 길을 막는 하락론자의 집값 폭락설의 실체

자, 다음 질문에 솔직하게 답해보자.

"지금 당신이 갖고 있는 부동산에 대해 어떻게 인식하고 있는가?"

아마 대부분의 사람들이 '거품이 잔뜩 낀 독이 든 사과'라는 식의 대답을 내놓을 것이다.

사람들은 부동산 투자를 참 무서워한다. 좀 더 직설적으로 말하면 '부동산 투자를 믿지 못한다.' 얼마 전 식사 자리를 함께한 지인 역시 마찬가지였다. 전세 계약 갱신에 따른 자금 마련 때문에 골머리를 앓고 있는 그에게 나는 "대출을 내서 아예 집을 사는 게 더 이익이다"라고 조언을 해줬다. 《부자가 된 짠돌이》의 공저자 이대표에게 해준 말과 같은 내용이었다. 하지만 그는 이대표와

달리 아파트 매입에 거부감을 드러냈다. 이유인즉슨 '아파트 가격이 곧 내릴 것'이라는 주장이었다. 그가 맹신하는 아파트 가격 하락의 근거는 결국 언론을 매개체로 하는 이른바 '부동산 하락론자들'에게서 찾을 수 있다. 부동산 하락론자들의 주장은 늘 한결같다.

"현재의 부동산 시장은 모두 거품이기 때문에 조만간 꺼질 것이다."

이러한 부동산 하락론자들의 허무맹랑한 주장으로 인해 손해를 보는 것은 역설적이게도 이들이 주로 자신의 이론을 설파하는 '서민'들이다. 내 집 마련이 절실한 서민들은 높은 문턱의 아파트 값에 지레 겁을 먹고 자의 반, 타의 반으로 부동산 하락론자들의 주장에 동조해왔다. 아니, 그저 자신들이 믿고 싶은 말만 골라 들었다는 표현이 적절하리라.

"부동산 가격은 곧 내릴 것이다"라는 부동산 하락론자들의 주장은 지금도, 1년 전에도, 10년 전에도 똑같았다. 하지만 결과는 어떤가? 앞서 밝혔듯 지난 30년 동안 우리나라 전체 부동산 시장은 꾸준히 상승해왔고, 서울로 지역을 좁혀서 봐도 10년 동안 아파트 값은 1년 평균 2,260만 원이 올랐다. 부동산 하락론자들의 말이 사실이었다면 진작 꺼졌어야 할 부동산 거품이 지난 10년 동안 오히려 더욱 풍성해진 꼴이다. 물론 모두 결과론적인 이야기이지만 엄연히 계속 진행 중인 현실이다.

부동산 하락론자들의 모든 주장은 '인디언 기우제'와 같다. 인디언들이 기우제를 지내면 반드시 비가 온다는 말이 있다. 이 말의 속뜻은, 인디언들은 비가 올 때까지 기우제를 지낸다는 것으로 결국 언젠가는 내렸을 비가 마치 기우제 덕분인 양 우긴다는 것이다. 부동산 하락론자들의 모양새가 딱 그 짝이다. 그들은 여러 요인으로 부동산 가격이 아주 잠깐 주춤할 때 더욱 활개를 친다. 이제부터 부동산 하락론자들의 주장을 하나씩 깨부숴보려고 한다.

과잉 공급, 정말 사실일까?

지난 몇 년간 부동산 관련 뉴스에서 빠지지 않고 등장하는 문구가 바로 '과잉 공급'이다. 부동산 하락론자들은 말 그대로 수요에 비해 공급이 많다고 지적하며 부동산 가격이 내려갈 것이라고 주장한다. 이들의 주장과 같은 내용을 방송과 신문에서도 주야장천 떠들어대니 국민들 입장에서는 그럴듯하게 들릴 법도 하다. 하지만 이 과잉 공급에 대해 모든 지역에서 부동산(아파트)이 넘쳐난다고 해석하는 것은 곤란하다.

매스컴에서는 대부분 서울을 비롯한 수도권을 중심으로 보도를 한다. 즉, 일부 지역에 한정된 사실을 전국으로 확대 해석하면 안 된다는 의미다. 또한 일부 매체에서는 시청자들이나 독자들이 관심을 가질 '거리'를 제공하기 위해 무리수를 두는 경우도 있다. 다소 과장하거나 미처 확인되지 않는 사항을 마치 사실인 양 보도하는 식이다. 실제로 과거에 비해 오보가 확연히 늘어난 것도 이와 같은 맥락으로 볼 수 있다. 이 같은 이유 때문에 기사에 대한 판단 여부는 결국 시청자 혹은 독자의 몫으로 귀결된다. 같은 내용이라고 하더라도 해석에 따라 결과는 천차만별로 나타날 수 있는 것이다.

과잉 공급에 대한 주장 역시 마찬가지다. 부동산 하락론자들이 기세등등하게 매스컴에서 발표한 내용을 바탕으로 확신에 차 말하더라도 정확한 사실 여부는 스스로 판단해야 한다. 지금까지 부동산 흐름은 수도권이 오르면 지방이 주춤하고, 수도권이 주춤하면 지방이 오르는 현상을 보였다. 부동산 흐름과 유동자금은 풍선효과가 있기 때문이다. 한쪽을 누르면 다른 한쪽이 부풀어 오르는 식이다. 서울·경기와 다른 지역의 부동산 시장 그리고 주택 시장과 상가 시장, 토지 시장 등 각각 그 흐름의 시기가 다르기 때문에 흐름에 따라 투자하는 안목을 길러야 한다.

자동차가 고속도로를 시속 150킬로미터로 달리다가 급브레이크를 밟으면 전복되고 만다. 부동산도 이와 마찬가지다. 브레이크를 천천히 밟아가며 속도 조절을 하면서 연착륙하도록 도와주는 것이 국가가 해야 할 일이다. 그래서 정부는 부동산 가격이 너무 빠른 속도로 상승하면 속도를 줄이기 위해 규제 정책을 쓰고,

너무 느린 속도로 오르면 완화 정책을 쓴다. 그런데 고속도로에서 속도를 내려면 몇 년이 걸린다. 그렇다고 갑자기 급브레이크를 밟으면 차가 뒤집히기 때문에 천천히 속도(규제 정책)를 줄이며 연착륙하도록 하는 것이다. 그래서 부동산의 상승과 하락 10년 주기론이 나온 것이다. 정부는 부동산 완화 정책과 규제 정책을 펴나가면서 경제 속도를 조절한다. 부동산 투자자는 그 속도 조절에 일희일비하지 않고, 꾸준히 감정 조절을 하는 힘을 길러야 한다.

부동산 시장에서는 영원한 하락도 없고, 영원한 상승도 없다. 단기적인 조정은 있을지언정 큰 방향의 흐름은 항상 같다는 사실을 기억해야 한다.

출산율 저하, 인구가 줄어들면 부동산도 폭락한다?

'헬조선'이란 신조어가 대변하는 대한민국의 씁쓸한 현실. 원래 세상 살기가 쉽지는 않다지만, 요즘 유독 기운이 빠진다. 최근 우리 사회에 던져진 문제 중 하나가 바로 '출산율 저하'다. 여러 가지 이유가 복잡하게 얽혀 있는 출산율 저하 문제는 곧 인구 감소와 맞닿아 있다. 부동산 하락론자들은 이러한 대한민국의 아픈 부분을 전면에 내세운다. 그들의 주장을 한 문장으로 요약하면, "인구가 감소하면 집이 남아돌고 결국 부동산 가격은 폭락한다"

는 것이다.

길게 말하기 싫다. 먼저 아래의 그래프를 살펴보자.

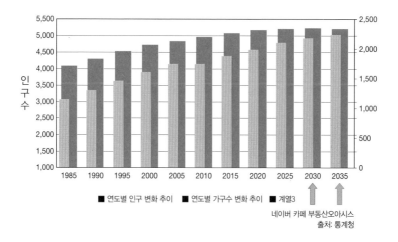

이 그래프는 통계청에서 연도별 인구 변화 추이를 예상한 것이다. 내용을 살펴보면 우리나라 총인구는 2030년부터 조금씩 하락하지만 그전까지는 늘어날 것으로 전망되고 있다. 비록 출산율이 꾸준히 줄어들고 있기는 하지만, 의학 기술의 발달에 따른 수명 연장으로 인해 오히려 인구가 늘어난다는 분석이다. 이민이나 국제결혼 등으로 인한 외부 유입도 증가의 한 요인으로 꼽힌다. 무엇보다 정부가 저출산 문제 해결을 위해 다양한 정책을 시행하고 있는 만큼 출산율이 다시 상승 국면에 돌입할 여지도 충분하다. 또한 인구수와는 별도로 실제 집이 필요한 가구수는 오히려 지속적인 상승세를 보일 것으로 예측되는 만큼 부동산에 대한 수요는

꾸준히 늘어날 것이 분명하다. 즉, 부동산 하락론자들이 말하는 집값 폭락 이론은 단순히 인구수가 아닌 가구수 하락이라는 근거가 필요하다는 뜻이다.

부동산 하락론자들이 "인구가 줄어들면 부동산이 폭락한다"는 주장을 해온 지도 벌써 10년이 지났다. 그들은 마치 기우제를 지내는 인디언들처럼 계속 하락론을 펼치다가 일정 시점에 부동산 가격이 조정에 들어가면 "그것 봐, 내 말이 맞지!"라며 더욱더 목소리를 높인다.

세상에 무조건 값이 오르는 게 어디 있겠는가! 특히 수억 원을 호가하는 아파트의 경우 정부 정책을 비롯한 여러 이유로 인해 때때로 가격 조정이 들어가곤 한다. 필자 역시 하락장에서 아파트 가격이 계속 떨어져 전전긍긍했던 경험이 있다. 하지만 결국 조정 시기가 지나면 아파트 가격은 다시 반등해 기존의 천장을 뚫고 계속 상승하는 추세를 보이는 것이 '역사적으로' 증명되었다.

금리와 가구 부채에 대한 올바른 해석

무담보 콜금리와 아파트 매매 지수의 상관관계를 명시한 다음 그래프에 따르면 1999년부터 2008년까지 아파트 가격이 계속 상승한 것을 확인할 수 있다. 일반적인 경제 상식과 달리 금리가 올

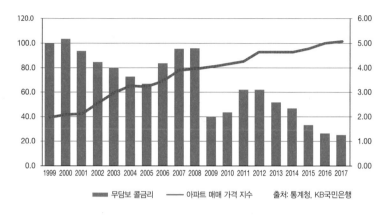

무담보 콜금리와 아파트 매매 지수

범례: 무담보 콜금리 — 아파트 매매 가격 지수   출처: 통계청, KB국민은행

라갈 때 오히려 부동산 가격은 더 많이 오른 것이다. 2009~2010
년에 걸쳐 금리가 하락했지만 부동산 매매 지수는 올라가지 않았
으며, 금리가 계속 하락할 때에도 부동산 가격은 오르지 않았다.

물론 금리가 오르면 부동산 대출에 대한 부담은 당연히 많아지
겠지만, 금리가 오른다는 것은 곧 정부가 자국 경제에 확신을 갖
고 있다는 뜻이기 때문에 부동산 경기가 좋을 때 금리를 많이 올
리는 경향이 있다. 즉, 금리가 오르는 때는 부동산 경기가 좋은 시
기인 셈이다.

다만 금리가 상식 이상으로 오른다면 부동산에 영향을 미칠 수
있다. 많은 하락론자들이, "금리가 5% 이상 넘어가면 부동산 가
격이 폭락할 것이다"라고 주장하는 이유다. 하지만 아직 우리나
라는 과거보다 저렴한 1%대의 무담보 콜금리를 유지하고 있어

위험한 수준은 아니다.

단언할 수는 없지만 우리나라 금융권이 현재의 금리를 훌쩍 웃도는 수준으로 급상승하도록 좌시하지는 않으리라고 생각된다. 물론 일정 수준 오를 수는 있겠지만, 역사상 단 한 번도 상식을 뛰어넘는 상승폭을 기록한 적은 없었다. 급격한 변화는 결국 경제 질서를 파괴시키기 때문에 정부로서도 완충 기간을 최대한 넉넉하게 잡을 수밖에 없다. 금리가 하루아침에 10배 이상 오를 때나 일어날 법한 하락론자들의 금리 폭등에 따른 부동산 폭락 주장이 허황된 이유다.

최근 각종 매체에서 떠들고 있는 '가구 부채' 역시 마찬가지다. 신문과 TV에서는 연일 우리나라 가구 부채가 사상 최대라며 마치 내일 당장이라도 나라가 파산할 것처럼 호들갑을 떤다. 하락론자들은 이에 편승해 가구 부채 문제가 터지면 부동산이 폭락할 것이라고 주장한다. 하지만 이는 당연한 현상이다. 매년 크든 작든 국가의 경제 규모와 함께 개인의 수입 역시 지속적으로 상승한다. 또한 다양한 이유로 경제 규모가 늘어나는 만큼 부채는 늘어날 수밖에 없다. 한마디로 경제가 발전하는 나라에서는 부채가 최상일 수밖에 없다.

다음의 그래프를 보면 가구 부채가 최상인 것은 사실이지만, 동시에 가구 자산 또한 최상인 것을 확인할 수 있다. 특히 가구 부채 연체율은 꾸준히 줄어드는 추세를 보이는데, 이는 곧 재무 건전성이 높아졌음을 의미한다. 쉽게 말해 개인에게 언제든지 빚을 갚을 능력이 충분하다는 것이다.

가구 자산과 부채의 비교

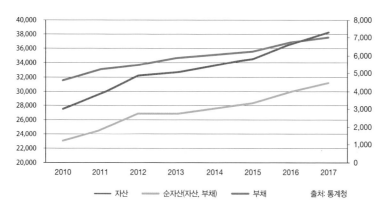

필자가 고등학교 시절 도서관에서 맛있게 먹었던 우동 한 그릇의 가격은 400원이었다. 그것도 비싸서 자주 못 사먹고 도시락을 싸가서 친구와 함께 한 그릇을 나눠 먹기도 했다. 그 시절 용돈을 아끼고 아껴서 특별한 날 겨우 우동 한 그릇을 사먹었던 기억이 있다. 그러나 지금 우동 한 그릇을 먹으려면 휴게소에서도 최하 5천 원은 줘야 한다. 단순히 따져봐도 10배 이상이 올랐다. 지금까지 우동 가격은 항상 사상 최대를 경신하고 있다. 그렇게 모든 물가가 오르듯 아파트 가격도 오르고, 그에 비례해 부채가 늘어나는 것은 당연한데도 불구하고 하락론자들은 마치 국가가 파산이라도

날 것처럼 호들갑을 떨고 있다.

하락론자들은 참 나쁜 사람들이다. 물론 그들 나름대로의 논리는 있겠지만, '객관적으로 잘못된 근거'에 기댄 하락론자들의 일방적이고 허무맹랑한 주장으로 인해 아직도 이 땅의 인구 절반이 내 집 마련을 망설이며 고통받고 있다. 그들은 잠시 잠깐 일어난 아파트 가격 조정 그래프를 들이밀며 서민들의 불안감을 부추기면서 자신이 쓴 책과 강의를 팔아먹으며 착실하게 부를 쌓아나가고 있다. 그들이 진정으로 하락론을 믿고 있는지는 알 수 없지만, 적어도 지금까지는 그들의 틀린 주장 탓에 수많은 이들이 '기회'를 빼앗겼음을 명심해야 한다. 정녕 아직도 부동산 가격이 하락할 것이라고 믿어 의심치 않는가? 부끄러운 줄 알라!

정보를 받아들이는 대중들 역시 각성해야 한다. 가격이 너무 오르면 그저 한숨 쉬며 내 집 마련을 포기하고, 반대로 가격이 내려가면 혹시나 아파트 가격이 더 하락할까 싶어 내 집 마련을 포기한다면 대체 언제 안정적인 보금자리를 품을 수 있겠는가? 하락론자들이 여전히 활개 치는 이유는 그들의 주장을 맹신하는 대중들이 있기 때문이다.

바라건대 이제 제발 눈을 뜨길 바란다. 이것은 비단 필자 개인의 주장이 아니다. 필자 역시 내 집 마련을 인생의 목표로 삼았던 평범한 서민 중 한 사람이었던 만큼 우리나라 대다수의 서민들이 하루빨리 안정적인 삶에 안착하길 바랄 뿐이다. 아파트 가격이 내려가리라는 기대는 그저 그렇게 되기를 바라는 자신의 바람이 투영된 것일 뿐이다. 자신이 보고 싶은 것만 보고, 듣고 싶은 것만 골라서 듣는다면 내 집 마련의 꿈은 영영 신기루가 될 것이다. 아파트가 가장 쌀 때는 바로 오늘이라는 사실을 명심하자. 부디 내 집 마련을 통해 안정적인 삶을 누리길 바란다.

'본전 심리'에
휘둘리지 말자

필자의 부모님은 참 어렵게 집을 마련했다. 과거 낡은 아파트에 살던 부모님은 경매를 통해 조금 덜 낡은 아파트를 낙찰 받게 되었다. 당시 약 1억 원에 낙찰 받은 아파트는 '대공원아파트'로, 현재 대구 대표 브랜드 단지로 꼽히는 범어SK뷰아파트로 재건축된 지역에 있었다. 최고의 학군을 자랑하는 범어SK뷰아파트의 현 시세는 9억 원을 훌쩍 넘는다. 서울에 비할 바는 아니지만 대구에서는 독보적인 가격이다.

필자의 부모님이 범어SK뷰아파트로 거듭난 대공원아파트를 매도한 것은 IMF 외환 위기 시절이 지난 후다. 부모님이 낙찰 받은 대공원아파트는 IMF 외환 위기를 전후해 큰 폭의 가격 하락을 겪었다. 비단 대공원아파트에만 국한된 현상이 아닌 전국적으로 일어난 일이었다. 명실공히 우리나라 부동산 역사에 기록된 최악의 침체기였다.

대공원아파트는 IMF 외환 위기가 지난 후에도 일정 기간 동안 도통 오를 기미가 보이지 않았다. 싸늘하게 얼어붙었던 대구 지역의 부동산 시장이 다시 살아나기 시작한 것은 재개발 호재가 불고 나서부터였다. 필자의 부모님은 재개발 호재에 힘입어 소폭 상승한 대공원아파트를 냅다 팔아 버리고 말았다. 낙찰금 1억 원에서 조금 더 오른 금액이었다. 소위 말하는 '본전 심리'에 쫓겨 급하게 매도를 결정한 것이었다. 이후 해당 아파트는 매년 평균 5,000만 원의 증가세를 보였고, 현재는 10억 원에 육박할 정도로 가치가 급상승했다.

어차피 실거주 목적이었으므로 좀 더 장기적인 안목으로 대공원아파트에 거주했다면 지금쯤 대구에서 가장 좋은 아파트를 소유할 수 있었을지도 모른다. 이렇듯 본전 심리 탓에 급하게 매도했던 부모님의 아쉬운 선택은 아이러니하게도 필자에게 긍정적으로 작용하고 있다. 당시의 실패를 반면교사 삼아 심리적으로 흔들리지 않는 굳건한 심지를 갖게 된 것이다.

누구나 실패는 할 수 있다. 그러나 부동산 투자자라면 오히려 실패를 교훈 삼아 앞으로 다가올 또 다른 실패를 미연에 방지해야 할 것이다.

나눔부자의 한마디

"당신이 부자 되는 길을 막는
하락론자들의 주장을 의심하자."

언제까지 전세·월세 부담에 벌벌 떨면서 살 것인가?

당 당 한 집 주 인 으 로 살 아 가 는 방 법

양반과 농민, 그리고 건물주와 세입자

　과거 농촌사회의 근간은 다름 아닌 논, 즉 토지였다. 양반과 농민으로 계급이 나뉘었던 과거에는 토지를 가진 양반이 소위 말하는 '갑甲'이었다. 토지를 소유하지 못한 농민은 양반에게 농지를 빌려 1년 동안 뼈 빠지게 농사를 지어서 생산한 곡식의 대부분을 경작료로 내야 했다. 일을 한 건 농민들인데 정작 본인들은 겨우 입에 풀칠만 할 수 있었을 뿐, 이익은 양반들이 독차지한 셈이다. 그야말로 '재주는 곰이 넘고 돈은 왕서방이 챙긴 격'이다.

　대다수의 농민들은 그저 그렇게 근근이 삶을 이어가며 평생 자신의 농지를 소유하지 못했다. 더욱이 토지를 빌릴 힘도 없는 사

람들은 양반집에 들어가 노비로 살아가다 결국 자녀에게 노비와 농민이라는 신분만 넘겨주기 일쑤였다. 다소 극단적으로 설명하기는 했지만 엄연한 역사적 사실이므로 누구도 부정하지 못할 것이다.

건물주와 세입자의 관계를 현대판 양반과 농민으로 비유하는 것은 과하다고 생각하는 사람도 있을 것이다. 하지만 이는 현실과 크게 동떨어진 비유가 아니다. 세입자는 과거의 농민과 마찬가지로 매일같이 열심히 돈을 벌어 매달 월세를 건물주에게 주고 남은 돈으로 생활을 이끌어간다. 토요일, 일요일도 없이 말이다. 장사가 잘되는 달도 있고, 그렇지 않은 달도 있을 것이다. 그러나 시간이 지나며 처음 투자한 비용은 점차 감가상각이 되는 반면, 월세는 어김없이 상승한다. 그리고 자녀에게 세입자나 직장인이라는 신분만을 남겨주게 된다. 그동안 현대판 양반인 건물주는 여행을 다니며 고급 음식을 먹고, 건강을 위해 운동을 한다. 그러면서 세입자가 준 돈으로 토지와 건물의 수를 늘리며 영역을 확장하는 것이다.

과연 양반과 건물주의 잘못일까, 농민과 세입자의 잘못일까. 사실 누구에게도 잘못은 없다. 단지 자신들의 선택과 노력이 스스로의 인생 방향과 삶을 결정했을 뿐이다. 매일같이 일하지 않으면 생활을 이끌어가지 못하는 삶을 살 것인가, 여행을 다니고 건강을 위해 운동을 하면서 몸 관리를 하는 삶을 살 것인가. 모두 당신의 선택에 달려 있다.

필자는 몇 년 전부터 자영업을 하는 이들을 대상으로 '제대로 된 내 점포 갖기 교육'을 실시하고 있다. 내 점포에서 당당하게 장사할 수 있도록 세입자에서 건물주로 거듭나게 하는 것이 목적이다. 10년 이상 열심히 장사 해서 상권을 살려놨더니 월세가 터무니없이 높아져 쫓겨나는 젠트리피케이션 지역 자영업자들의 이제는 더 이상 세입자로 살기 싫다는 의지가 반영된 결과다.

사실 참석자들 중 열정이 금방 식어버리는 경우가 많기는 하다. 하루하루 장사에 시간을 뺏기다 보니 당장 별도의 시간을 빼기 힘들다는 이유로 점점 의지가 약해져 결국 또다시 세입자로 돌아가버리곤 한다. 그럼에도 불구하고 필자는 결코 이 교육을 그만둘 생각이 없다. 참석자들을 더욱 설득하고 필자의 시간과 노력을 더 투자하더라도 그들이 제대로 된 내 점포를 마련해 맘 편히 장사할 수 있는 발판을 마련해주고 싶다.

물론 이것이 단순히 상가에만 적용되는 것은 아니다. 주택 또한 전세 가격과 월세 가격이 상승함에 따라 서울에서 신도시로, 신도시에서 구도심으로 밀려나며 결국 전세에서 월세로 전락하는 경우가 발생할 수 있다. '내 집 마련' 혹은 '내 가게 마련'은 그 어떤 것보다 우선적으로 달성해야 할 첫 번째 과제임을 명심해야 한다.

부동산 투자는 불로소득이 아니다

부동산 투자를 투기라고 주장하는 사람들이 내세우는 것 중 하나가 바로 '불로소득'이다. 땀 흘려 일하지 않고 번 돈이므로 불로소득이라는 논리다. 일단 불로소득이라고 하면 나쁜 이미지인 것이 사실이다. 불로소득의 사전적 의미는 '노동의 대가로 얻은 임금이나 보수 이외의 소득'을 가리킨다. 로또 상금이 대표적인 불로소득이다.

불로소득의 사전적 의미로만 봤을 때 직장인 및 자영업자는 노동의 대가로 '정당한 소득'을 받는 '정당한 경제인'이고, 기업인 및 투자자는 노동 없이 '부당한 소득'을 추구하는 '부당한 투기꾼' 정도로 여겨진다. 즉, 노동자는 착한 사람이고, 사업가나 투자자는 나쁜 사람으로 치부되는 모양새다. 하지만 과연 이러한 해석이 옳은 것일까?

우리는 누구나 경제적 자유를 원한다. 경제적 자유를 달성한다는 것은 곧 시간을 내 마음대로 쓸 수 있다는 것을 의미한다. 일하고 싶을 때 일하고, 쉬고 싶을 때 언제든 훌쩍 떠날 수 있다면 경제적 자유를 달성한 것이라고 할 수 있다.

직장인은 매일 아침 일찍 출근해 퇴근 시간과 휴일만을 기다린다. 소위 '고등 직종'인 전문직 종사자와 자영업자 역시 자신의 몸이 움직이지 않으면 수입이 발생하지 않는 것은 마찬가지다.

개미와 배짱이의 생활

개 미	놀이동산에서 1시간 줄서고 10분 탄다.
배짱이	놀이동산이 한산한 평일에 놀러 간다.
개 미	성수기 때 할증된 요금으로 숙박한다.
배짱이	비수기 때 싼 요금으로 숙박한다.
개 미	토, 일, 휴가 때 차로 5시간 밀려서 놀러 간다.
배짱이	차가 안 밀리는 평일에 놀러 간다.
개 미	밥 먹기 전에 계산부터 걱정한다.
배짱이	'내가 계산하지' 하며 편안하게 먹는다.

반면 직원들을 부리는 기업인이나 돈이 돈을 벌어오는 시스템을 만든 투자자는 내가 일하고 싶을 때 일하고, 놀고 싶을 때 놀 수 있는 경제적 자유인이 될 확률이 상대적으로 매우 높다. 이것이 바로 필자가 부동산 투자자의 길로 들어선 이유다.

단, 기업인은 자신이 해외에 일주일씩 다녀와도 회사가 돌아갈 수 있는 시스템을 정착시켜야 하고, 투자자는 한 달간 해외여행을 떠나도 자본이 스스로 일해 돈을 벌어오는 투자처를 찾아야 한다. 실제로 투자자 중에, 그간 열심히 일한 자기 자신에 대한 보상으로 일 년 동안 해외여행을 다니며 블로그에 일기를 올리는 부부가 있다. 이는 내 미래의 로망 중 하나다.

맥도날드 창업자인 레이 크록의 강연에서 한 대학생이, '맥도날드가 뭐 하는 회사라고 생각하느냐'는 질문을 던졌다. 그 자리에 있던 모든 참석자들은 '당연히 햄버거 파는 회사인데 그걸 질문이라고 하냐'는 듯한 표정으로 질문자를 바라봤다. 하지만 정작 레이 크록은 이렇게 말했다.

"맥도날드는 부동산 투자를 하는 회사입니다."

따지고 보면 우리나라의 백화점과 대형마트를 비롯해 모든 기업들이 각자의 사업을 하면서 좋은 명당자리에 공장이나 회사를 차려놓고 시간이 흐른 후 해당 토지 가격이 상승하면 큰 수익을 내곤 한다.

내가 사는 대구 월성동에는 공장지대가 많았는데, 그곳에 신월성택지가 조성되면서 아파트와 상가가 대규모로 들어섰다. 그곳에서 공장을 운영하던 한 지인은 이를 통해 100억 원대의 부자로 거듭나며 모든 사람들의 꿈인 '경제적 자유인'의 신분을 획득하는 데 성공했다. 반면 온갖 이유로 부지를 매입하지 않고 임차로 공장을 운영했던 이들은 폭등하는 월세를 감당하지 못해 또다시 외곽으로 밀려났다. 그들은 여전히 매달 내야 하는 월세에 대한 부담으로 힘겨운 삶을 이어나가고 있다. 나는 그때 부동산의 실체를 목격했다.

필자는 세상에 불로소득은 없다고 생각한다. 시쳇말로 '날로 돈을 번 것 같은' 기업인이나 투자자 역시 수많은 리스크를 안고 사업 및 투자를 한다. 그들의 여유로운 현재는 언제든 자신의 자본이 사라질 수 있다는 리스크를 감수하고 사업과 투자를 한 결과다. 물론 잘못된 기업 운영과 투자로 인한 '쪽박' 역시 오롯이 본인의 몫인 만큼 어느 누구라도 이들이 벌어들이는 수익을 불로소득이라고 평가절하 해서는 안 될 것이다.

특히 자신의 손에 쥔 돈을 과감하게 투자하기 싫은 대다수의 직장인들이나 언제 집값이 떨어질지 몰라 내 집 마련을 하지 않고 전·월세를 전전하는 사람들은 기업인과 투자자에 대한 비판을 자제해야 한다. 자신의 선택으로 리스크를 피했으므로 적은 수입 역시 스스로 받아들여야 한다. 반면 자신이 손해를 볼 수 있다는 두려움을 떨쳐내고 과감히 베팅한 기업가와 투자자의 선택은 오히려 큰 박수를 받아 마땅하다.

부동산의 희소성과 교환 가치

땅덩이가 작은 탓일까. 우리나라 사람들은 유독 부동산에 대한 관심이 높다. 이러한 관심은 자연스럽게 부동산의 가격 상승으로 연동되기 마련이다.

지난 2015년 기준, 우리나라 국민순자산은 1경 2,000조인 것으로 조사되었다. 이 중 토지 자산은 6,500조, 주택과 같은 건설 자산은 4,000조 이상인 것으로 나타났다. 전체 국부의 85% 이상을 부동산이 차지하고 있다. 즉, 우리나라 전체 자산의 대부분을 차지하는 부동산에 투자를 하지 않는다는 것은 85%에 해당하는 투자처를 포기하는 것이나 마찬가지인 셈이다.

부동산과 금융 자산의 상승폭을 비교해봐도 결과는 동일하다. 지난 2016년 기준, 한 해 자산의 증가액을 따져보면 부동산 자산은 500조, 금융 자산은 130조씩 각각 늘어난 것으로 나타났다. 금융 자산에 비해 부동산 자산이 4배가량 증가한 것이다. 만약 A와 B가 같은 시기에 부동산과 금융 상품에 투자를 했다면 부동산에 투자한 A는 금융 상품에 투자한 B보다 4배의 수익을 얻었다는 계산이 나온다.

과거 50년간 주요 생필품 가격의 변화와 토지 시세의 흐름을 비교해보면 부동산의 가치를 더욱 쉽게 이해할 수 있다. 과거 50여 년 동안 라면 가격과 짜장면 가격은 50배 오른 반면, 같은 기간 전국의 토지 시세는 논 1,400배, 대지 2,300배, 임야 2,000배가 상승한 것으로 조사되었다. 그 어떤 현물 가치보다 월등한 부동산의 가치를 확인할 수 있다.

그렇다면 부동산이라는 상품은 어디에서 시작될까? 모든 상품은 사용 가치와 교환 가치 그리고 희소 가치를 포함한다. 사용가치로서 부동산은 전세나 월세 가격에 영향을 주고, 교환 가치는 매매 가격에 영향을 준다. 만약 사용 가치가 높아지면 전세나 월세 가격이 오르고, 교환 가치가 높아지면 매매 가격이 올라가는 식이다. 희소 가치는 부동산이란 상품의 희소성에 기인한다. 우리나라는 산악지대가 많고 인구 대비 실사용 면적이 부족하기 때문에 부동산의 희소 가치가 높은 편이다.

부동산 중 희소 가치가 높은 것으로는 토지가 으뜸이다. 괜히 '창조주 위에 건물주, 건물주 위에 지주地主'라는 말이 있는 게 아니다. 토지는 특정 위치에 단 하나밖에 존재하지 않는 유일한 상품이기 때문에 가치가 매우 높고, 가격도 천차만별이다. 땅의 사용 가치를 높게 생각하는 사람은 비싸더라도 사려고 하지만, 사용 가치를 낮게 생각하는 사람은 저렴해도 매입하지 않으려 하기 때문이다. 유동인구가 많은 강남과 인구가 적은 강원도 산골의 차이라고 생각하면 된다.

주택, 특히 아파트는 비슷한 상품이 많기 때문에 희소성이 다소 떨어진다. 다만 희소 가치가 높은 토지의 경우 보편성(사용성)이 떨어져 주인을 찾기가 어려우나, 아파트처럼 보편성이 충분한 부동산은 상대적으로 매매가 쉽게 되기 때문에 교환 가치가 높다.

부동산은 불안하고, 저축은 안전하다?

지난 30년간 우리나라의 부동산 가격 상승률은 큰 그래프를 그리며 우상향 흐름을 보였다. 물론 큰 외부 충격이 있었던 1998년 IMF 외환 위기와 2008년 서브프라임모기지론 사태 당시에는 잠시 주춤거리기도 했다. 하지만 부동산 시장은 이내 회복했고, 지금까지 꾸준히 상승 추세를 유지하고 있다.

반면 주식 시장은 큰 장의 흐름을 타며 상승과 하락의 변곡점이 많은 탓에 투자자들의 심리를 위축시켜왔다. 일반 투자자의 경우 불안한 심리를 이기기가 쉽지 않다.

미국의 한 유명 회사가 애널리스트와 침팬지에게 투자 대결을 시킨 일화는 주식 투자를 해본 사람이라면 한 번쯤 들어봤을 것이다. 대결 결과, 각종 정보와 지식으로 무장한 애널리스트의 패배로 끝났다. 글도 읽을 줄 모르는 침팬지가 아무렇게나 찍은 종목의 가격이 더 많이 오른 것이다. 이 실험은 그만큼 주식 시장이 예측할 수 없는 곳이라는 사실을 증명한다. 특정 회사의 존망은 대주주와 CEO를 제외한 그 누구도 모르기 때문에 정확히 예측하기가 매우 어렵다.

필자도 과거에 10년 이상 주식 투자를 한 경험이 있다. 장외 거래까지 투자를 할 정도로 적극적이었지만, 전업 부동산 투자자로 전향한 4년 전부터는 전혀 손을 대지 않고 있다. 10년 동안 열심히 주식에 투자한 결과, 들어가는 품에 비해 수익은 쥐꼬리에 불과했고, 나름대로 공부해 내놓은 결론은 번번이 예측을 빗나가기 일쑤였다. 심지어 아직도 5년 전에 매입한 장외 주식을 매도하지 못하고 있다.

한편 부동산 투자는 내가 공부하고 투자한 시간과 노력에 정비례한다는 확신이 들었다. 특히 주식은 외국인자본, 기관자본 그리고 회사 대주주들과 경쟁해야 하기 때문에 이른바 '골리앗과 다윗의 싸움'이 되기 십상이지만 부동산은 일반 수요자들과 경쟁하기 때문에 확률적으로 훨씬 유리한 고지에서 투자를 할 수 있겠다는 생각이 들었다.

자신이 소위 '팔랑귀'라고 생각되는 사람은 되도록 주식보다는 부동산에 투자를 하는 것이 좋다. "여자의 마음은 갈대와 같다"는 말이 있는데, 투자자의 마음도 갈대와 같다. 한데 하루에도 몇 번씩 바뀌는 주식 시장에, 클릭만 하면 매도할 수 있는 주식 투자를 하는 사람에 비해 한번 사면 쉽게 되팔 수 없는 부동산과 전세 투자(갭 투자)를 하는 사람은 외부 요인에 쉽사리 흔들리지 않는다.

정부에서 주식 투자는 장려하는 한편, 부동산 투자에는 투기라는 올가미를 씌우려고 혈안이 되어 있다. 왜 그럴까? 필자는 정부에서 말리는 시장에 투자할 것을 권한다. 정부에서 장려한다고 소문난 시장에는 먹을 게 없다. '시장을 거꾸로 보는 습관'을 들여야 한다. 부동산 침체기에 매입하고, 부동산 활황기에 매도하면 수익을 올릴 수 있다. 주식에, "무릎에서 사서 어깨에서 팔라"는 격언이 있는 것처럼 부동산 경기가 살짝 반등할 때 사서 누구나 투자를 하겠다고 덤벼들 때 파는 것이 좋은 투자 방법이다.

주식은 회사가 망하면 휴지조각이 될 수 있는 반면, 부동산은 나라가 망하지 않는 이상 땅의 지분이 없어지지 않는다. 월급이 오르고 물가가 오르고 부동산의 건축 자재 및 인건비가 오르면서, 인플레이션 때문에 부동산 가격은 상승할 수밖에 없는 구조다. 관건은 어느 시기에 어느 지역이 오르느냐 하는 것이다.

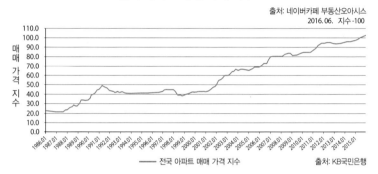

전국 아파트 매매 가격 지수

출처: 네이버카페 부동산오아시스
2016. 06. 지수 -100

전국 아파트 매매 가격 지수

출처: KB국민은행

코스피 지수

출처: 금융감독원

돈의 새로운 규칙, '착한 빚은 곧 빚으로 되돌아온다'

– 돈은 저축하지 말고 써야 한다

돈을 써라

필자가 돈을 쓰라고 말하면 상대방은 "짠돌이 출신이 왜 자꾸 돈을 쓰라고 하느냐, 저축을 해야지"라고 반문하곤 한다. 하지만 필자의 말은 돈을 소모적으로 쓰라는 것이 아니다. 일정 금액이 마련되면 투자를 하라는 것이다.

매스컴에서는 저축에 대한 복리는 강조하면서 정작 '인플레이션 복리의 힘'에 대해서는 말하지 않는다. 그도 그럴 것이 부동산 시장을 조율해야 하는 정부의 입장에서는 부동산 투자를 적극적으로 권장할 수 없기 때문일 터다.

과거 우리나라에는 저축의 날이 있었다. 1973년, 대통령령으로 매년 10월 마지막 화요일, 금융위원회에서 주관해 저축인으로 선정된 인원에게 상장을 주곤 했다. 그러나 2016년부터 저축의 날은 금융의 날로 바뀌었다. 그 이유에 대해 '국민의 재산 형성 방식이 저축뿐만 아니라 펀드 투자로 다양화되고, 금융의 역할도 확대된 기류를 반영한 조처'라고 설명했다. 그런데 아이러니하게도 금융자산에 비해 한 해 4배씩 더 많은 성장을 거듭하는 부동산의 날은 없다. 눈에 너무나 빤히 보이는 부동산 투자의 효율성을 정부가 애써 감추려는 것 같다는 의심마저 드는 대목이다.

필자는 돈이 생길 때마다 부동산을 매입한다. 대중교통을 이용하고, 구입한 지 10년 된 촌스러운 옷을 입더라도 여건이 된다면 항상 부동산 투자를 최우선으로 실행하고 있다. 무엇이 두려운가? 정부가 나서서 '부동산은 투자 가치가 너무 높으니 하지 말라'고 가르쳐주는데. 정부가 숨기려는 부동산 투자의 가치를 확신하게 되었다면 비로소 투자자로서의 눈이 트인 것이다.

분산투자를 하지 마라

"계란을 한 바구니에 담지 말라"는 격언이 있다. 하지만 이는 반은 맞고 반은 틀린 말이다. 아무리 분산투자를 잘한다고 해도 주식 시장이나 부동산 시장이 전체적으로 폭락하게 되면 결국 손실을 입을 수밖에 없기 때문이다. 이 격언을 퍼뜨리는 것은 증권회사의 애널리스트와 금융기관의 연합 영업 행위라고 생각한다. 이는 주식 투자로 돈을 날린 일반 투자자, 즉 개미들에게 희망을 주기 위한 일방적인 주장에 불과하다. 반면 주식이 폭락해도 기업은 매 분기당 배당과 임원의 월급을 통해 폭리를 취한다. 개미들의 돈으로 대주주와 회사의 손해를 메우는 셈이다.

빚을 이용하는 법을 배워라

빚에는 나쁜 빚과 좋은 빚이 있다. 빚이라고 하면 무조건 거부감을 갖는 사람들이 있다. 그러나 빚을 적절하게 잘 이용한다면 수익률을 극대화할 수 있으므로 한 번쯤 고려해볼 만하다.

대출을 얻어 좋은 부동산에 투자를 한다면 착한 빚이 될 것이다. 반면 나쁜 빚이란 신용카드를 이용하는 소비라든가, 자동차 할부 구입, 그리고 소비를 목적으로 하는 대출이다. 모두 자산에 투자한 비용이 아닌 소비를 위한 빚이기 때문에 나중에 그 빚이 돈을 벌어오지 않는다.

좋은 빚은 우리 주머니에 돈을 넣어준다. 내 집 마련을 위한 대출이나 자산을 매입하기 위한 대출이 바로 그것이다. 예를 들어 수익형 부동산이나 아파트 투자를 위한 대출은 좋은 빚이다. 대출보다 높은 수익률을 가져다주고, 물가 상승으로 인한 자산의 가치가 높아져 우리에게 수익을 주는 까닭이다.

만약 우리가 1억 원을 빌렸다고 가정해보자. 평범한 월급쟁이라면 1년에 1,000만 원 모으기도 얼마나 어려운지 충분히 공감할 것이다. 그런데 1억 원을 대출받는다면 10년의 시간을 앞당겨서 목돈을 마련한 셈이다. 물론 한 달에 약 30만 원의 이자는 부담해야 한다.

부동산 투자를 하기 위해서는 먼저 일정 수준의 목돈을 모아야 한다. 하지만 이를 절약과 저축으로 모으기에는 너무 많은 시간이 걸린다. 그사이 부동산 가격은 물가상승률 이상 폭등할 것이 불 보듯 뻔하다. 이런 현실에서 착한 빚, 즉 투자를 위한 대출을 이용하면 투자 시작 시기를 10년 이상 앞당기는 효과를 볼 수 있다. 물론 대출 이자를 상회하는 수익률을 가져다주는 물건을 고르는 것은 오롯이 자신의 노력에 달려 있다는 사실을 기억해야 한다.

부동산 투자, '지렛대'를 활용하라

필자가 내 집 마련과 부동산 투자를 하는 데 있어 가장 선호하는 방법은 '지렛대'를 활용하는 것이다. 지렛대는 적은 힘으로 무거운 물체를 움직일 수 있도록 보완해주는 역할을 한다. 부동산 투자에서 역시 마찬가지다. 보다 적은 자본으로 큰 수익을 얻기 위해서는 지렛대를 적극 활용할 필요가 있다.

부동산의 지렛대는 바로 '무이자 대출'이다. 아마 많은 사람들이 '무이자 대출이 가능한가?'라는 의문을 가질 것이다. 필자가 말하는 무이자 대출은 바로 '전세금'이다. 이제는 널리 알려진 '갭 투자'가 지렛대(전세금)를 활용한 대표적인 부동산 투자 방법이다.

필자의 실제 경험 하나를 사례로 들어보자. 필자는 2015년 2월, 25평 아파트를 3억 원에 매입해 2억 7,000만 원에 전세를 놓았다. 3억 원짜리 아파트에 2억 7,000만 원이란 지렛대(전세금)를 이용한 셈이니 실투자금은 3,000만 원에 불과했다. 이후 같은 해 9월, 세입자가 개인 사정으로 이사를 가야 한다고 전해왔다. 보통의 집주인이라면 다시 세입자를 구하는 과정이 귀찮아서라도 부정적으로 생각했겠지만, 필자의 판단은 달랐다. 필자는 일단 대답을 유보하고 그 지역의 전세 시세를 다시 한 번 확인했다. 반년이 지나 시세가 분명 상승했으리라고 예상했기 때문이다. 아니나 다를까, 당시의 전세금 시세는 무려 3억 2,000만 원에 이르는 것으로 확인되었다. 나는 망설임 없이 다시 세입자를 구하고, 기존의 세입자에게 좋은 직장에 이직한 것을 축하해줬다. 물론 전세금 2억 7,000만 원은 새로 구한 세입자에게서 받은 3억 1,500만 원(빠른 입주를 위해 500만 원 정도 깎아줬다.)으로 해결했다. 필자는 해당 투자를 통해 세 가지 이익을 얻었다.

첫째, 매입 후 2년이 지난 지금 해당 물건의 시세는 매입가에 비해 무려 1억 원 이상 상승했다. 단순히 산술적으로 따져도 1억 원의 순수익을 기대할 수 있다. 만약 해당 물건을 매도한다면 비슷한 조건의 아파트 3채를 매입할 수 있다는 계산이 나온다.

둘째, 6개월 뒤 이루어진 두 번째 전세 계약을 통해 필자의 투자금 3,000만 원을 1차로 회수했음은 물론, 추가로 1,500만 원의 자금을 확보해 다른 투자처에 투입할 여력을 마련했다.

셋째, 기존의 세입자에게는 자신의 입장을 흔쾌히 이해해준 '쿨한 집주인'의 이미지를, 새로 구한 세입자에게는 시세보다 낮게 전세금을 설정한 '착한 집주인'의 이미지를 얻게 되었다.

필자에게 부동산 투자는 마치 토끼를 키우는 것과 같다. 토끼 한 쌍이 복수의 새끼를 낳는 것처럼 부동산 투자 역시 꾸준히 숫자를 늘려가는 것이 중요하다. 단, 초조함은 금물이다. 제대로 된 투자 한 건이면 우리나라 직장인의 한 해 연봉에 해당하는 수익을 얻을 수 있다. 영화 〈스파이더맨〉에 나오는, "큰 힘에는 큰 책임이 따른다"는 말처럼 큰 수익을 얻기 위해서는 그만큼 치열한 고민과 확고한 결정이 있어야 한다.

"지금 당장 돈이 없어서 투자를 하지 못한다", "돈을 좀 더 모은 후 투자를 시작하겠다"는 말은 결국 투자 의지가 없다는 고백이나 다름없다. 눈앞에 버젓이 놓인 지렛대를 이용할 의지조차 없다면 부동산 투자는 영영 남의 나라 이야기에 그칠 뿐이라는 사실을 명심해야 한다.

골리앗과 다윗의 싸움은
피하는 게 상책이다

돈을 벌기 위해 오만 가지 일을 마다하지 않았던 필자는 많은 사람들이 그렇듯 주식에도 관심을 갖게 되었다. 이후 10년 동안 주식 투자를 해왔지만, 결과적으로 그리 큰 수익을 보지는 못했다. 무엇보다 돈을 벌 때와 잃을 때가 들쑥날쑥해 늘 신경이 날카롭게 곤두선 채 살아야 했다. 필자와 같은 소위 개미에게 주식 투자는 안정성과 거리가 멀었던 까닭이다.

필자가 주식에 빠진 계기는 IMF 외환 위기 시절 주목받았던 L*카드 때문이었다. 당시 L*카드에 1,000만 원을 투자한 필자는 얼마 뒤 100%의 수익을 냈다. 소 뒷걸음치다 쥐 잡은 격이었지만, 필자는 '와, 나 주식 천재인가봐' 하며 자만에 빠지게 되었다. 이후 본격적으로 주식 공부에 나섰지만 아이러니하게도 공부를 하면 할수록 수익은 더 떨어져만 갔다.

주식은 기관과 외국인 그리고 해당 회사 CEO와 싸워서 이겨야 하는 '불리한 게임'이다. 골리앗과 다윗의 싸움과 같은 셈이다. 개인이 아무리 노력해도 많은 자본과 독자적인 정보를 틀어쥐고 있는 회사 운영자와의 싸움에서는 백전백패에 가까울 수밖에 없다. 그러나 부동산 투자는 다르다. 노력하고 공부한 만큼 길이 보인다. 투자하면 할수록 승률도 점점 늘어난다. 기관이나 외국인과 싸울 필요도 없다. 그저 부동산을 잘 모르는 옆집 아주머니와 싸워 이기면 되는 '공평한 게임'이다.

더군다나 정부에서 부동산 투자를 하면 소위 '투기꾼'으로 몰아가는 분위기 탓에 일반인들은 섣불리 부동산 시장에 발을 들이지도 못한다. 덕분에 나는 좋은 물건을 저렴하게 매입할 수 있게 되었다. 부동산은 필자에게 아직 기회가 많은 미개척지다.

나눔부자의 한마디]

"착한 빚은 곧 빛으로 되돌아온다."

2

What?

아무 부동산이나 산다고?
'돈이 되는 걸' 사야지!

· '부동산은 도망가지 않는다' ·
___

· 대한민국 부동산의 현재와 미래가
한눈에, '국토개발계획'·
'도시기본계획'에 주목하라 ·
___

· 개개반,
과연 금 만드는 도깨비방망이인가? ·

부동산 투자는 말 그대로 '부동산'에 '돈'을 '투자'하는 행위다. 어떤 투자든 해당 분야에 대한 깊이 있는 이해가 선행되지 않는다면 결코 승리할 수 없다. 투자에 앞서 부동산 자체를 이해하려는 노력이 필요한 이유다. 적어도 자신의 돈을 투자하는 대상이라면 누구보다 폭넓은 이해가 필요하지 않겠는가? 부동산 투자자라면 반드시 숙지해야 할 필수 과정을 소개한다.

'부동산은 도망가지 않는다'

왜 부동산 투자가 안정적인가?

안정적인 부동산 투자로 인플레이션을 대비하라

부동산 투자의 기본 역시 장사와 같다. 되도록 싸게 사서 가능한 비싸게 파는 것이다. 때문에 부동산 투자자는 최고의 투자 결과를 위해, 즉 돈을 많이 벌기 위해 남들보다 한발 앞서 미래를 예측하는 식견을 갖춰야 한다. 아무리 강조해도 지나치지 않은 것이 '공부'의 중요성이다.

많은 사람들이 필자에게 "부동산 투자는 어떻게 공부해야 하나요?"라는 질문을 던진다. 그런데 부동산 투자는 수학 공식과 다르다. '1+1=2'라는 공식은 한번 외우면 평생 바뀌지 않지만, 살아있는 생물과 같은 부동산은 매일, 매 순간 변하기 때문에 시시각각 일어나는 변화에 발맞춰 공부해야 한다. 부동산 투자를 결심했다면 평생 '대한민국의 고3'처럼 살 각오를 해야 한다.

부동산 투자에 있어서 지식은 곧 힘이다. 똑같은 기사나 뉴스를 보더라도 각자의 생각과 지식에 따라 해석하는 방향은 완전히 달라진다. 필자는 부동산 관련 기사를 볼 때마다 신문사와 기자의 이름을 꼭 확인한다. 신문사마다 부동산을 대하는 기조가 각기 다르고, 기자에 따라 긍정과 부정이 나뉘는 까닭이다.

아이러니한 사실은 대다수의 부동산 관련 기사들이 하나같이 부정적이라는 것이다. 단 한 번도 '부동산 호황', '빚을 내서 집을 사라' 등과 같이 부동산 투자에 호의적인 경우를 본 기억이 없다. 부동산에 대한 정보를 대부분 기사로 접하는 일반인들의 시각 역시 부정적일 수밖에 없는 이유다.

언론이 주도하는 이른바 '부동산 불신'은 결국 사람들의 내 집 마련을 방해하는 가장 큰 장애물이다. 아직 내 집이 없는 절반의 국민들은 불황과 호황을 떠나 부동산 매입 결정을 스스로 내리지 못하는 경향이 있다. 그러다 보니 정작 부동산을 적극적으로 매입해야 하는 불황기나 하락장에서 내 집 마련을 못하고, 활황기의 정점에서 가장 비싼 가격에 부동산을 매수하게 된다. 부동산 불신을 부추기는 언론들의 무책임함이 서민들의 실질적인 피해로 이어지는 모양새다.

2015년에 〈SBS스페셜〉 '아파트, 혼란의 시장'이라는 프로그

램이 방영된 적 있다. 당시 방송의 끝자락에 주인공이 내뱉은 말, "내가 사면 내리고 내가 팔면 오르는, 알 수 없는 아파트 값이여" 라는 한탄에 많은 사람들이 동감했다. 부동산에 대한 지식이나 기준 없이 그저 외부(언론)의 의견에 휘둘린 탓이다. 하지만 결국 이러한 선택을 한 것은 본인이다. 다시 말해 꾸준히 부동산 공부를 하고 이를 바탕으로 자신만의 확고한 기준을 세웠다면 이러한 넋두리를 하지 않아도 되었을 것이다. 사실 그 주인공은 부동산 가격이 조정기에 들어갈 때 매입을 했고, 상승장이 시작될 때 매도를 했던 것이다. 그런데 사람들은 본인이 한 행동에 대해서는 생각하지도 않고 다른 핑곗거리를 찾는다. 그러면서 나는 부동산과 운이 안 맞는다며 운명론까지 들먹인다.

필자는 3년 전, 내 집 마련을 두고 고민하던 사촌동생 부부에게 서울 지역의 신혼부부특공(특별공급)을 권한 적이 있다. 하지만 부동산에 대한 불신을 갖고 있던 동생 부부는 결국 아파트를 매입하지 않고 전세를 선택했다. 3년이 지난 현재 해당 아파트는 무려 3억 원 이상의 가격 상승을 기록하고 있다. 동생 부부의 아쉬운 판단이 도저히 극복할 수 없는 장애물로 되돌아온 것이다.

외부 요인에 심리적으로 영향을 많이 받는 사람들은 평생 경제적인 어려움을 극복하기 힘들다. 보이지 않는 것(미래)은 믿지 않고, 보이는 것(현재)만 믿는 탓이다.

주위에 가난한 사람들만 모여 살기 때문에 가난한 사람들의 심리에 지배당하고, 인간은 이익보다 손실에 더 예민하게 반응하기 때문에 조금도 손해 보지 않으려는 생각에 부동산 불황기에 과감하게 투자하지 못하는 결과를 가져온다. 자녀에게 돈 버는 방법은 가르치지 않고 학교 성적만 고집하는 부모 때문에 결국 자녀가 가난을 물려받게 되는 것이다.

전 세계 상위 1%가 전 세계 부의 40%를 차지하고, 상위 10%가 전 세계 부의 90%를 차지한다는 기사를 본 적이 있다. 해당 기사가 사실이라고 가정한다면 나머지 10%의 부를 가지고 전 세계 90%가 싸우고 있는 셈이다. 100% 사실이라고 말할 수는 없지만 필자 역시 대략적인 사회경제 구조가 이와 비슷하게 맞아떨어진다고 생각한다. 문제는 그 상위 1%가 차지하는 부의 비중이 점점 늘어나고 있다는 것이다. '부익부 빈익빈'이 심각한 상황이다.

우리나라 또한 마찬가지다. 상위 계층일수록 소득 구성비를 보면 임금 소득보다 배당 소득과 이자 소득이 많음을 알 수 있다. 상위 1%의 소득 구성비 중 임금 소득이 60%인 반면, 상위 10%로 갈수록 임금 소득이 80%가 넘어간다. 우리나라 소득 구성비의 절대 비율을 보면 근로 소득이 상위 10%는 20%인 반면, 하위 90%는 70%가 넘어간다. 이 자료가 뜻하는 바는 간단하다. '티끌 모아 봤자 티끌'이라는 것이다. 쉽게 말해 월급을 아무리 열심히 모아 봤자 소위 '부자'가 될 수 없다는 것이다. 물론 상위 계층은 기본적으로 많은 소득을 기반으로 한다. 하지만 하위 계층과의 결정적인 차이는 바로 배당 및 이자 소득, 즉 사업 혹은 투자에서 결정된다.

부자들은 여러 분야에 투자를 한다. 부동산, 주식과 같이 널리 알려진 투자재부터 채권, 자원, 에너지, 신기술 개발 등 일반인들은 접하기조차 힘든 분야에도 적극적으로 투자하고 있다. 이유는 간단하다. 투자가 돈이 되기 때문이다. 하지만 여유자금이 많지 않은 일반인들에게 투자는 넘기 어려운 벽이다. 그도 그럴 것이 자신의 모든 혹은 대부분의 재산을 투자로 돌리겠다는 결심을 하기가 쉽지는 않을 터다. 때문에 하루에도 수십 번씩 널뛰기하는 주식이나 최근 많은 논란이 되고 있는 가상화폐 등은 고려 대상이 아니다.

흔히 "부동산은 도망가지 않는다"고 말한다. 성경 속 대홍수처럼 지구가 물로 뒤덮이지 않는 이상 부동산은 말 그대로 사라지지 않을 것이다. 또한 지난 30년간의 대한민국 부동산 시장을 되돌아보면 부동산 가격은 인플레이션을 넘어서는 폭의 우상향을 기록해왔다. 부동산 투자의 안정성을 가장 명확하게 확인할 수 있는 대목이다.

내게 만약 경제적 여유가 있다면 아침에 아이를 럭셔리한 유치원에 보내고서 가볍게 운동을 하고, 마음 편히 취미생활을 할 것이며, 자유롭게 내가 하고 싶은 일을 할 수 있을 것이다. 자신이 하고 싶은 일을 할 때에는 즐겁고 재미있지만, 생계를 위해 회사에 출근하는 길은 험하고 힘들게 느껴진다. 경제적 자유를 누리기 위해서는 재테크가 필수다.

경제적 자유를 가진다는 것은 곧 시간적 자유를 가진다는 것을 뜻한다. 내 시간을 내 마음대로 쓸 때 비로소 행복을 느낄 수 있다. 만약 한 달간 해외여행을 다녀 왔음에도 불구하고 자산이 줄기는커녕 오히려 1억 원 이상이 늘어나 있다면 얼마나 행복하겠는가. 돈과 시간이란 직원이 선물해주는 경제적, 시간적 자유, 이것이 바로 부동산 투자의 힘이다.

투자자는 미래 가치만을 바라본다

"일반인들은 현재를 살아가지만, 투자자는 미래를 거닐어야 한다."

밑줄 쫙 그어야 할 표현이다.

매일매일 수많은 뉴스가 쏟아지는 요즘, 특정 개발 단지에서 외지인이 절반 이상의 토지를 매입하고 있다는 식의 기사를 왕왕 접할 수 있다. 과정은 명백하다. 바로 현지인이 외지인에게 토지를 매도한 결과다. 그렇다면 현지인들은 왜 황금알을 낳는 거위를 헐값에 팔아넘기는 것일까?

이유는 간단하다. 부동산 개발이 이루어지는 지역은 대부분 형성된 지 오래된 곳이다. 쉽게 말해 '낡은 동네'인 셈이다. 때문에 현지인들이 수십 년 이상 거주한 경우가 많고, 상대적으로 경제적 여건이 좋지 않은 편이다. 그런 상황에서 지역 개발의 여파로 기존에 평당 10만 원도 하지 않던 토지가 10~20배 시세로 거래되는 시기가 오면 일부 현지인들이 자신의 토지를 매도해버리는 것이다. 충분히 오른 토지 시세가 더 이상 상승하지 않을 것이라는 확신을 가진 채 말이다.

반면 투자자들은 과거 해당 지역의 토지 가격이 얼마였는지에 대해서는 관심이 없다. 그저 자신이 평당 100만 원에 산 토지가 가까운 미래에 200~300만 원으로 오를 것이라는 확신만 있을 뿐이다. 많은 투자자들이 몰리는 지역의 수익률이 높은 이유 역시 이 같은 확신에 기반을 둔다.

과거 서브프라임모기지론 사태로 인해 글로벌 경제 위기가 찾아왔을 때 대구의 부동산 시장도 함께 침체기에 들어갔다. 이후 시장이 회복세를 보이기 시작하자 지역 주민들 사이에서는 "이때 팔아야 하지 않겠는가"라는 주장이 퍼져나가기 시작했다. 혹시 또 위기가 찾아오지는 않을까 하는 걱정 탓이었다. 물론 필자는 앞으로 점차 경제가 회복되고, 부동산 시장 또한 뒤따를 것이라고 예상했다. 결과론적으로 대구는 2011년부터 부동산 시장의 활성화 시기를 맞이했고, 불안감을 견디지 못하고 부동산을 매도한 사람들은 땅을 치고 후회했다.

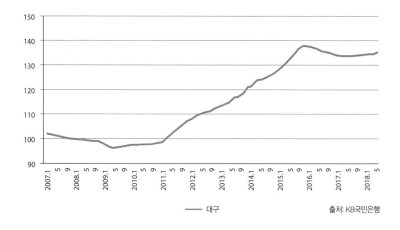

대구 아파트 매매 가격 지수

— 대구

출처: KB국민은행

투자자들이 대구에 본격적으로 투자하기 시작한 시기가 바로 2011년이다. 당시만 해도 많은 사람들이 '전체적인 경기도 좋지 않고, 인구도 줄어드는 추세인 대구에 누가 투자를 할까' 하는 의구심을 내비쳤다. 그러나 투자자들은 대구가 다른 지역에 비해 상대적으로 저평가되어 있는 상황으로, 미래 가치가 높다고 판단했다. 주식으로 따지면 소위 '바닥'을 치고 상승할 거라 여겼던 것이다. 일반인들과는 전혀 다른 시각에서 부동산 시장을 바라본 셈이다.

당시 일반인들 중에는 수년 전 발생한 서브프라임모기지론 사태로 인해 아파트 가격이 오랫동안 오르지 않다가 시세가 다시 상승세에 돌입했기 때문에 서둘러 매도한 경우가 많다. 바로 이

때 일반인들의 보상 심리가 작용한다. 가격이 내려갔다 다시 오르면 본전 생각에 서둘러 매도를 해버리는 것이다. 일반인들은 투자자들과 달리 대구 부동산 시장의 회복을 확신하지 못했던 것이다.

현지인들은 침체기에서 벗어나 회복기에 들어서면 힘들었던 과거를 떨쳐버리고 싶은 욕망에 사로잡히기 쉽다. 반면 투자자들은 이제 침체기에서 벗어나 회복기에 들어섰으니 지금이 바로 투자 타이밍이라고 판단한다.

과거에 필자가 투자했던 서울의 모 재개발 단지 입주권도 마찬가지였다. 뉴타운이 뜬다고 흥분된 마음으로 섣불리 투자를 결정했다가, 이후 사업이 지지부진하게 진행되며 10년 이상 고생했던 기억 때문에 가격이 반등하는 순간 보상 심리가 작용해 매도를 결심하는 사람들이 많았다. 필자는 이 순간을 놓치지 않고 프리미엄 3,500만 원을 얹어 해당 물건을 매수했다. 결국 필자는 실투자금 8,500만 원으로 1년 만에 약 1억 원의 수익을 올렸다. 다른 사람들이 불안을 느낄 때 필자는 투자를 했고, 이후 많은 사람들이 해당 물건의 가치를 긍정적으로 판단해 매입을 시작할 때 필자는 매도를 함으로써 큰 수익을 창출할 수 있었다.

부동산 투자로 돈을 벌고 싶다면 일반인들과는 다른 투자자의 시각을 가져야 한다. 물론 이것이 하루 이틀 사이에 가능한 일은 아니다. 자신의 시간을 희생해가며 꾸준히 공부하고, 성공

과 실패가 교차하는 경험을 반복한 끝에 비로소 얻게 되는 것
이다.

대한민국 부동산의 현재와 미래가 한눈에, '국토개발계획'·'도시기본계획'에 주목하라 ⌂

우리나라 사람들의 특성 중 하나가 가전제품을 사면 반드시 동봉해주는 '설명서'를 절대 읽지 않는다는 것이다. 필자 역시 마찬가지다. 어떤 제품이든 설명서를 읽는 법이 없다. 스마트폰에 있는 각종 신기능은 그 존재를 알지도 못하고, 각종 퍼포먼스가 가능한 최신 스마트TV 역시 그저 시간 때우기 용으로밖에 활용하지 못한다. 심지어 면발의 굵기에 따라 조리시간이 달라지는 라면조차 봉지 뒤 짧은 설명도 읽기 귀찮아 내 멋대로 끓이는 탓에 아내에게 핀잔을 듣기 일쑤다.

필자가 말하고 싶은 바는 하나다. 모든 제품의 특성을 속속들이 가장 잘 아는 이는 바로 그것을 만든 제작자라는 사실이다. 특히 우리가 계륵으로 여기는 설명서는 제작자가 자신의 노하우를 빠짐없이 기록해놓은 이른바 '제품의 게놈 지도'인 셈이다.

앞서 이야기한 대로 부동산은 수많은 '투자 상품' 중 하나다. 즉, 부동산 역시 우리가 구입할 수 있는 '제품'이라는 의미다. 때문에 현명한 부동산 쇼핑을 위해서는 반드시 부동산이라는 제품의 설명서를 꼼꼼히 읽어야 한다.

우리나라의 부동산에 대한 전반적인 정책과 법을 제정·시행하는 곳은 정부이며, 그 외의 세세한 이용계획 수립은 지자체가 담당한다. 다시 말해 부동산에 대해서는 정부와 지자체가 가장 잘 알고 있다는 뜻이다. 정부와 지자체가 하는 일은 국민들에게 투명하게 공개되어야 하는 만큼 부동산에 대한 모든 정보, 즉 '부동산 설명서'는 대중에게 아주 친절하고 완전하게 제공되고 있다.

정부와 지자체가 제작·발행하는 부동산 설명서의 이름은 '국토개발계획'과 '도시기본계획' 등이다.

먼저 국토개발계획부터 살펴보자. 국토개발계획의 사전적 의미는 '국토 전역에 걸친 종합적 개발 계획'이다. 국토개발계획은 토지·물 등 천연자원의 개발·보전·이용에 관한 계획으로 '도시와 농촌의 공간 배치 및 그 구조에 대한 계획', '산업 입지 및 산업 기반시설의 배치 및 조성에 관한 계획', '문화·후생 및 관광시설의 배치 및 개발에 관한 계획', '수해·풍해·기타 재해의 방재에 관한 계획' 등을 포괄한다.(네이버 지식백과 참조)

다른 나라에 비해 면적이 작다고는 하지만 그래도 한 국가의 국토 전반에 대한 계획을 샅샅이 살펴보는 것은 쉽지 않고, 모두 읽어볼 필요도 없다. 하지만 향후 우리나라 토지에 대한 전체적인 개발 계획이 총망라되어 있는 만큼 대략적인 흐름은 파악해두는 게 좋다. 특히 토지에 대한 계획은 변동 가능성이 낮기 때문에 투자의 좋은 기준이 된다.

국토개발계획은 크게 국책사업, SOC(사회간접자본)사업, 민간 자본사업 등의 세 분야로 나뉜다.

먼저 국책사업에는 신도시 개발이나 대규모 산업 단지 조성 등이 포함된다. 해당 사업은 단순히 개발되는 토지 면적만 따져봐도 몇몇 기업이 감당할 수 없는 규모로 진행된다. 국책사업은 일단 시행이 결정되면 국가적 위기가 일어나지 않는 한 축소·무산되는 경우가 드물기 때문에 굉장한 투자 붐이 일어나곤 한다. 하지만 계획 수립부터 완료까지 최소한 10년 이상이 걸리기 때문에 전략적으로 장기적인 투자를 기본으로 해야 한다.

공항, 항구, 철도, 도로 등 사회기반시설을 만드는 SOC사업 역시 결국 부동산 개발과 맥이 맞닿아 있다. 해당 시설이 들어서게 되면 인구 유입이 늘어나는 것은 물론, 지역 전체에서 부동산 개발이 이어질 확률이 높다. 인천공항과 인근 송도, 영종도의 관계를 생각하면 이해가 빠를 것이다. 국토개발계획에는 SOC사업에 대한 향후 진행 계획이 자세히 나타나 있기 때문에 해당 내용을 꼼꼼히 살펴본 후 투자에 들어가면 안정적인 수익을 기대할 수 있을 것이다.

마지막으로 리조트나 온천 등 이른바 '위락시설'에 대한 개발 사업은 대부분 민간자본사업으로 진행되고 있다. 최근에는 '민자 고속도로'와 같이 일부 SOC시설과 국가사업에도 민간자본이 투입되는 실정이며, 앞으로 이 같은 추세는 꽤 오랫동안 이어질 전망이다. 이러한 내용 역시 국토개발계획에 들어가 있지만, 투자를 위해서는 좀 더 깊이 있는 고민이 필요한 분야다. 민간자본사업은 정부가 주도하는 사업과는 달리 기업의 변화에 따라 얼마든지 무산될 여지가 있는 까닭이다.

일반 투자자는 해당 사업에 직접 참여하기가 불가능한 만큼 인근의 토지와 건축물에 투자를 하는 경우가 많은데, 자칫 기업의 사정으로 사업이 백지화된다면 손해를 돌이킬 방법이 없다. 때문에 민간자본사업을 투자의 근거로 삼기 위해서는 먼저 참여 기업의 자본 현황을 정확히 파악해야 한다. 해당 기업의 재무제표나 기업정보 등은 물론, 사업의 총 투자금 규모와 조달 계획도 꼼꼼하게 알아본 후 투자를 결정해야 한다.

다음으로 좀 더 세세한 지역별 부동산 흐름을 예측할 수 있는 것이 도시기본계획이다. 도시기본계획을 통해 해당 지역의 도시가 현재 어떻게 개발되고 있는지, 또 앞으로 어떻게 개발될 것인지를 한눈에 볼 수 있다. 많은 사람들이 관심을 갖고 있는 재개발이나 재건축이 이에 해당된다. 각 지자체별로 계획은 모두 다르지만, 도시기본계획 역시 국토개발계획과 마찬가지로 한번 결정되면 일부 세부내용의 변동은 있을지언정 큰 틀에서의 사업 계획은 90% 이상 그대로 진행되는 경우가 많다. 도시기본계획은 해당 지역에 대한 깊은 이해를 도와주는 최고의 자료인 셈이다.

대다수의 사람들이 부동산 투자는 땅이나 건물을 사는 것이라고 여긴다. 하지만 필자의 생각은 다르다. 부동산 투자는 땅이나 건물이 아닌 시간에 투자하는 분야다. 수시로 등락을 거듭하는 주식처럼 쉬이 매입·매도할 수 없고, 와인처럼 시간이 지날수록 그 가치가 드러나는 부동산 투자는 요즘 말로 '빅 픽처Big Picture'를 그리는 마음으로 임해야 한다.

부동산 투자자는 결코 초조해해서는 안 된다. 예상보다 더 많은 시간이 걸리더라도 결국 부동산 시장이 반드시 상승세로 돌아갈 것이라고 믿는 단단한 마음가짐이 필요하다. 물론 그러한 자신의 결정에 확신을 심어줄 근거를 찾는 것은 투자자 본인의 몫이다. 이것이 부동산 시장을 한눈에 알 수 있는 최고의 설명서, '국토개발계획'과 '도시기본계획'에 주목해야 하는 이유다. 부동산 투자자라면 국토교통부 홈페이지에서 제4차 국토종합계획 수정계획을 다운받고, 각 지방자치단체 홈페이지에 들어가서 관심 있는 지역의 도시기본계획을 다운받아 책으로 편철해 몇 번이고 읽어 볼 것을 권한다.

우리나라 모든 부동산 정보가 한 곳에, '한국감정원'에 접속하라

한국감정원은 우리나라의 모든 부동산 정보를 모아놓았다고 평가받을 만큼 방대한 자료를 가지고 있다. 부동산 시장 동향부터 아파트·오피스텔·토지·주택의 시세는 물론, 각종 분양권 공시 가격과 실거래가, 심지어 아파트 관리비까지 조회할 수 있다.

부동산 투자자들이 제일 많이 보는 분야는 역시 시장의 동향이다. 한국감정원에서 제공하고 있는 월간 주택 가격 동향, 주간 아파트 가격 동향, 거래 현황, 지가 변동률, 아파트 실거래 가격 지수 등의 여러 지수와 다양한 부동산 동향 리포트를 분석해보면 우리나라 전체 부동산 시장이 어떤 방향으로 흘러가는지 한눈에 파악할 수 있을 것이다.

그 어떤 강사보다 정확하고 믿음직한 정보와 통계를 보여주는 한국감정원은 부동산 투자자에게 있어 천군만마나 다름없다. 본인의 주관적인 판단을 주로 이야기하는 강사들과 달리 객관적인 자료를 제공하는 한국감정원은 그 누구보다 훌륭한 스승이자 투자 동반자인 셈이다. 요즘은 월간 주택 가격 동향을 데이터가 아닌 그래프화해서 보여주기 때문에 초보자도 한눈에 쉽게 이해할 수 있을 것이다. 자, 이쯤에서 잠시 책을 덮고 한국감정원 사이트 http://www.kab.co.kr에 접속해보길 바란다.

특히 한국감정원 패밀리사이트를 보면 '부동산통계정보시스템'이라는 사이트가 있는데, 부동산 통계에 관한 자료는 이곳에 모두 모여 있다. 대학 교수들은 해당 자료를 토대로 강의 자료를 만들거나 논문을 작성하고, 모든 매체 역시 부동산 관련 기사의 근거로 사용한다. 심지어 해외 주택 시장 동향도 제공하고 있어 국제 부동산 시장의 흐름까지 파악할 수 있다.

더욱 심도 있게 데이터를 분석하고자 한다면 '공개자료->통계자료받기'에 들어가자. 전국 지가 변동률, 전국 주택 가격 동향조사, 주간 아파트 가격 동향조사, 부동산 관련 지수 등이 총망라되어 있다. 모든 자료는 엑셀로 제공된다. 해당 자료를 그래프화해 자신만의 자료를 만들면 전국의 부동산 흐름을 자신의 손바닥 안에 넣고 주무를 수 있을 것이다.

잘 모르는 길을 애써 돌아가려 하지 말자. 부동산 투자자의 길을 선택했다면 가장 빠른 지름길인 한국감정원을 주목해야 한다.

아파트 시장의 흐름, 제대로 이해하는 법

이제 좀 더 세부적으로 들어가보자. 토지, 건물, 빌딩 등 부동산을 구성하는 요소는 여럿이지만 대중들의 관심이 가장 높은 분야는 바로 '아파트'일 터다. 우리나라 국민 중 대다수를 차지하는 이른바 서민들의 가장 큰 목표가 내 집 마련인 것도 이와 같은 맥락이다.

　여기서는 현재의 부동산 시장을 점검해 향후 어떤 흐름을 보일지 예측해보고자 한다. 현재 부동산 시장은 부동산 정책 발표를 계기로 그간 급격한 상승세를 보여온 시세가 잠시 조정을 받으며 침체기를 맞이한 상황이다. 때문에 당초 매입을 고려하던 사람들이 아파트 값이 내려갈 것을 우려해 전세를 선택하는 경우가 늘어나게 됨에 따라 매매 가격은 유지되는 반면, 전세 가격은 상승하고 있다. 이 같은 현상은 아파트 시세가 내려간 것에 대한 기존 소유주의 보상 심리도 한몫한다.

　현재와 같이 전세 가격이 꾸준히 올라 매매와 임대의 시세 차이가 줄어들게 되면 이제는 전세입자들이 본격적으로 내 집 마련을 시도하는 경우가 늘어나게 된다. 매매와 전세의 금액 크게 차이가 크지 않으니 2년마다 전세금 압박에 시달릴 바에는 조금 무리를 해서라도 내 집 마련을 하려는 것이다. 참고로 이때가 갭 투자자에게는 가장 좋은 투자 시기라고 할 수 있다.

　매매가 늘어나게 되면 가장 먼저 소진되는 물건은 '새 아파트'다. 구축보다 신축 아파트의 인기가 많은 것은 당연한 상식이다. 이때는 청약은 물론, 기존의 미분양 아파트까지 대거 매입 희망자가 몰리게 된다. 필자가 매입한 응암 4구역 역시 한때는 미분양이었으나, 이후 수억 원에 달하는 프리미엄이 붙을 만큼 높은 관심을 받았다.

매매가 주도하는 부동산 시장의 흐름을 건설회사가 놓칠 리 없다. 국내 건설회사는 일제히 이 시기를 기점으로 신규 분양을 시작하게 된다. 수요를 확인했으니 신규 사업 개시를 망설일 까닭이 없는 것이다. 한편 매매 시장이 형성되면 갭 투자자는 잠시 매입을 멈추는 것이 좋다. 이 시기에는 매매 가격이 전세 가격을 월등히 추월하는 탓에 투자금이 많이 들어갈뿐더러 전세입자를 구하기도 힘들기 때문이다.

'새 아파트에 살고 싶다'는 사람들의 욕망은 곧 신규 분양 물건의 프리미엄 형성과 신축 아파트의 가격 상승으로 이어진다. 하지만 모든 사람이 새 아파트에서 살 수 있는 것은 아니다. 자금적인 어려움과 청약 탈락 등 여러 이유로 많은 사람들이 새 아파트를 매입하지 못하기 마련이다. 때문에 차선책으로 구축 아파트로 수요가 몰림에 따라 덩달아 가격이 상승하는 효과가 발생한다. 이른바 '낙수효과'인 셈이다.

구축 아파트까지 수요가 몰리는 현상이 지속되면 결국 정부나 지자체가 나설 수밖에 없다. 즉, 재개발·재건축 사업이 새롭게 시행될 확률이 높아지는 것이다. 또한 재개발·재건축은 물론, 앞서 진행된 건설회사의 신규 분양 실입주 역시 수년 후에 실현될 일이기 때문에 수요를 흡수할 대체제가 필요해진다. 이러한 이유로 인해 부동산 업자들은 너도나도 인근의 토지를 매입해 '나홀로 아파트'나 빌라, 원룸 등의 가격을 올려 분양이나 세를 놓는다. 이 역시 수요를 확신하는 까닭이다.

　건물을 지으려면 당연히 토지가 필요하다. 부동산 업자들을 중심으로 토지 수요가 발생하게 되면 자연스럽게 토지 가격이 상승하며, 토지를 동반한 주택 가격 또한 함께 오르게 된다. 일부 주거용 토지에 머물던 가격 상승은 결국 대도시 주변의 택지 개발에 영향을 미치며 시·군 지역의 토지 시세 상승으로 이어진다. 심지어 전·답(논·밭)의 가격에까지 영향을 주게 된다. 이후 대량의 아파트 분양이 이루어져 공급이 넘쳐나면 다시 전·월세 가격이 떨어지고 시장은 한동안 조정상태에 들어가게 된다.

　물론 부동산 시장의 흐름은 변수가 많은 만큼 이와 100% 똑같이 흘러가지는 않는다. 하지만 대략적인 흐름에서는 크게 벗어나지 않을 것이 분명하다.

　이번에는 지역별 부동산 시장의 흐름을 알아보자. 과거에는 우리나라 경제의 중심으로 불리는 강남이 부동산 시장을 좌우했다. 강남의 부동산이 활황이면 다른 지역 역시 긍정적인 영향을 받고, 그 반대면 악영향을 받는 식이었다. 아파트로 시야를 좁혀도 마찬가지다. 강남의 아파트 가격이 오르면 이후 서울의 다른 지역과 수도권으로 퍼지는 흐름을 보였던 것이다. 하지만 최근에는 이러한 흐름이 조금은 바뀐 모양새다. 필자의 오랜 분석에 따르면 요즘 부동산 시장의 흐름은 수도권에서 먼저 아파트 가격이 상승한 뒤 서울의 다른 지역을 거쳐 강남으로 이동하는 것을 알 수 있다. 이후

한눈에 보는 부동산 시장의 흐름

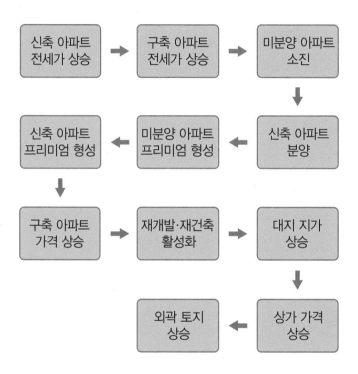

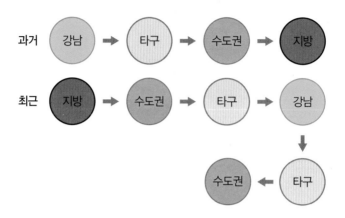

지역별 부동산 시장 흐름

과거: 강남 → 타구 → 수도권 → 지방

최근: 지방 → 수도권 → 타구 → 강남 → 타구 → 수도권

역으로 서울의 다른 지역과 수도권 순으로 가격 상승세를 보인다.

전국의 부동산 시장 흐름을 보면 지방이 크게 오를 때 수도권이 횡보하고, 수도권이 상승하면 지방이 횡보하는 특징을 확인할 수 있다. 그러나 지방도 각기 다른 흐름을 보이고, 수도권도 각기 차별화된 움직임을 보이기 때문에 세밀하게 분석해야 한다.

필자는 3년 전, 서울과 수도권에 투자를 할 때 "이제는 서울 및 수도권이 대세 상승장이기 때문에 이곳에 투자를 해야만 한다"고 주장했다. 반면 대다수의 대구 사람들은 "수도권 지리도 알지 못하고, 수백 킬로미터 떨어진 지역의 부동산을 어떻게 관리하느냐"며 필자의 의견을 따르지 않았다. 하지만 요즘 그들은 하나같이

"타임머신이 있다면 그때로 돌아가 영혼까지 긁어모아 투자를 할 것"이라고 말한다. 하늘 높은 줄 모르고 오르는 서울과 수도권의 부동산 시세를 바라보며 뒤늦은 후회를 하고 있는 것이다.

현실은 영화 〈백 투 더 퓨처〉와 다르다. 타임머신을 타고 과거로 돌아가 자신의 선택을 바꿀 방법은 전무하다는 의미다. 비록 시간을 거스르지는 못하지만, 비행기나 KTX를 이용해 다음 대세 상승장이 시작되는 지역으로 빠르게 이동할 수는 있다. 아직 기회는 분명히 남아 있다. 필자 역시 당시 서울과 수도권에 충분히 투자하지 못했다는 아쉬움이 가득하다. 하지만 아무리 빨라도 늦는 후회에 머물러 있다면 또 다른 기회를 놓치는 어리석음을 반복할 뿐이다. 부동산 시장의 흐름을 면밀히 분석해 다가올 대세 상승장을 선점함으로써 두 번 다시는 기회를 놓치지 말아야 할 것이다.

규모별 아파트 시장의 흐름은 어떨까? 이 역시 최근 과거와는 다른 흐름을 보이고 있다.

규모별 아파트 시장 흐름

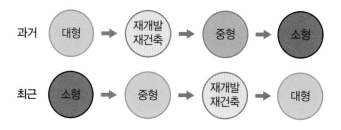

과거 대형 평수를 시발점으로 재개발·재건축, 중형, 소형 순으로 움직였던 아파트 시세가 최근에는 소형, 중형, 재개발·재건축, 대형 순으로 오르는 양상을 띠고 있다. 이 같은 현상은 재개발·재건축 진입의 어려움과 대형 평수에 대한 두려움, 다수의 중·소형 아파트 분양 등이 복합적으로 작용한 결과다.

과거에는 대형이 소형보다 평당 100만 원 정도 비싸게 분양되었다. 하지만 지금은 반대로 소형이 대형보다 평당 분양가가 100만 원가량 높다. 왜 그럴까? 아마도 전반적인 사회 분위기와 매스컴의 영향이 클 것이다. 현대사회는 1·2인 가구가 크게 늘어나는 추세를 보이고 있는데, 각종 매체는 이러한 흐름을 반영해 '오피스텔이나 소형 아파트의 가격이 많이 오를 것'이라고 보도한다. 물론 어느 정도 공감이 되는 내용이기는 하다. 그렇다면 이제 필자의 질문에 답해보자.

"만약 1인 혹은 2인 가구인 당신에게 경제적 여유가 있다면 5평 원룸에 살 것인가, 100평 아파트를 선택할 것인가?"

사람들은 누구나 넓은 집에서 살고 싶어 한다. 과거 단칸방에서 5~6명의 가족이 한데 모여 자던 풍경은 말 그대로 과거의 이야기일 뿐이다. 요즘 아이들은 초등학교에 들어가기 시작하면서부터 혼자 방을 쓰길 원한다. 심지어 침대방과 공부방을 따로 쓰고 싶어 한다. 어른들은 또 서재와 드레스룸 같은 '자신만의 공간'을 마련하고자 노력한다.

최근 방송에 자주 등장하는 가수 '도끼'는 혼자 살던 기존의 100평짜리 집이 좁다고 120평으로 이사를 갔다. '돈만 있다면'이 란 가정이 필요하지만, 결국 누구나 조금이라도 더 넓은 집에서 여유롭게 살기를 바라는 것이다. 이제 우리 솔직해지자. 당신이라 면 원룸에서의 팍팍한 삶을 선택할 것인가, 넓은 집에서의 여유로 운 삶을 선택할 것인가? 아마 100이면 100 모두 '넓은 집'을 선택 할 것이다. 우리가 경제적 자유인이 되어야만 하는 이유다.

　　필자의 지인에게 있었던 일화를 하나 소개하고자 한다. 필자의 지인은 50평대 아파트에서 거주하고 있었다. 그런데 얼마 전 딸이 서울에 있는 대학교에 합격해 기숙사로 들어가고, 아들은 군대에 입대하자 졸지에 아내와 둘이 그 넓디넓은 집에 남겨지게 되었다. 그는 둘이 살기엔 집이 너무 크다며 그 아파트를 매도한 후 소형 평수로 이사를 가고자 했다. 필자는 "지금 대구가 대세 상승장이 니 매도를 하지 말고 전세를 놓는 게 좋을 것"이라고 조언했지만, 그는 끝내 아파트를 매도했다. 그리고 이런저런 이유로 소형 아파 트로 이사를 가지 못하고 기존의 50평대 아파트의 전세입자로 들 어갔다. 자신이 살던 집이지만 이제는 집주인이 아닌 세입자가 된 것이다. 그렇게 2년을 전세로 사는 동안 그 아파트는 무려 1억 원 이 상승했다.

　　필자는 다시 "지금이라도 시내의 다른 대형 아파트를 매입하 라"고 조언했지만 그는 이번에도 듣지 않았다. 그는 1억 원 이상 오른 아파트 시세에 '본전 생각'이 난 까닭에 선뜻 매입을 하지 못했다. 결국 그는 이번에도 전세입자의 삶을 선택했다. 시내의 다른 대형 아파트에서 2년 동안 전세로 살게 된 것이다. 하지만 그의 선택은 또 한 번 실패라는 이름의 부메랑으로 돌아왔다. 이번에는 무려 2억 원 이상이 훌쩍 오른 것이었다. 그제야 부동산 시장의 흐름을 깨달은 그는 전세 기간이 끝난 2년 뒤, 50평대 아파트를 새롭게 매입하게 되었다.

만약 필자의 조언대로 했다면 그는 수억 원의 추가 금액과 이사에 대한 수고를 덜 수 있었을 것이다. 아니, 오히려 수억 원의 아파트 시세 차익을 봤을 것이다. 결국 그는 부동산 시장의 흐름을 제대로 파악하지 못한 탓에 보지 않아도 될 손해를 본 셈이다.

실거주 목적이든 투자 목적이든, 내가 목표로 하는 물건이 현재 부동산 시장의 흐름상 어느 정도 위치에 있는지 파악하는 게 중요하다. 현재의 부동산 시장을 정확히 판단해야만 자신의 목적에 가장 빠르고 쉽게 다다르는 계획을 세울 수 있기 때문이다.

높이 나는 새가 멀리 보는 법이다. 나무를 보지 말고, 숲을 보는 넓은 시야를 가질 때 비로소 올바른 부동산 투자의 길이 열린다는 사실을 기억해야 한다.

전국의 아파트 입주량과
매매 가격 지수로 보는 부동산 전망

　부동산 시세를 결정하는 주요 요인 중 하나가 바로 입주량이
다. 입주량에 따라 매매 가격이 달라질 수 있는 까닭이다. 이번에
는 각 주요 도시별 입주량과 매매 가격 지수를 통해 전국의 아파
트 흐름을 살펴보자. 입주량과 입주 필요량은 현재 기준으로 표시
한 것이기 때문에 다소 차이가 있음을 먼저 밝힌다.

서울특별시

　먼저 서울의 아파트 입주량과 매매 가격 지수를 보자. 과거에
는 서울의 인구가 적었다가 폭발적인 팽창이 이루어진 1986년 아
시안게임과 1988년 올림픽을 시작으로 2000년까지 입주량은 많
은 반면, 시세는 멈춰 있었다. 그러다 2001년부터 2008년 IMF 외
환 위기가 닥칠 때까지 입주량이 많음에도 불구하고 시세는 지속
적으로 상승곡선을 그렸다. 이를 통해 입주량이 가격에 절대적인
영향을 미치는 것은 아님을 알 수 있다. 이후 2015년까지 하락과
조정을 반복한 끝에 지금까지 급격하게 시세가 상승세를 타고 있
는 것이다.

　필자는 지난 2015년 초, 서울에 대세 상승장이 올 것이라는 확
신을 갖고 일주일에 며칠씩 임장을 다녔다. 또한 아직까지 서울

서울의 아파트 입주량과 매매 가격 지수

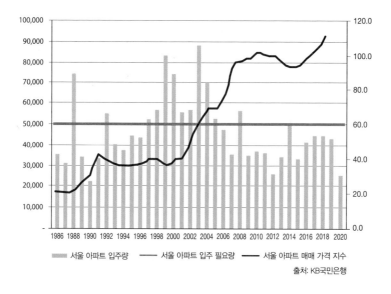

서울 아파트 입주량   서울 아파트 입주 필요량   서울 아파트 매매 가격 지수

출처: KB국민은행

의 부동산 시장에 상승 여력이 남아 있다고 생각한다. 2018년부터 2020년까지 입주 물량 부족과 복수의 재건축·재개발에 따른 이주로 인해 서울의 주택 부족 현상이 심화되어 아파트 시세가 계속 상승할 것으로 판단된다. 하지만 일정 부분 정부의 강력한 대책 탓에 심리가 위축될 가능성은 있다. '부동산 투자는 심리가 반'이라는 이야기도 있지 않은가. 정부가 서울의 주택에 양도세 및 중과세 부과와 같은 여러 가지 정책을 쏟아내고 있는 상황에서 무리한 투자는 피하는 게 좋다. 특히 아래 경기도 지역의 자료를 보면

2018년과 2019년 예정된 입주량이 많아 서울 역시 일부 영향을
받을 수 있다.

경기도

경기도의 아파트 입주량과 매매 가격 지수는 2004년부터 기록
되어 있어 경기도 지역의 부동산에 대한 자료가 다소 아쉽다. 이
그래프에 따르면 경기도의 아파트 입주량은 언제나 많았음을 확
인할 수 있다. 단, 2011년부터 2015년까지는 아파트 부족 현상이
나타났다. 해당 시기를 기점으로 입주량 부족현상이 누적되어 최
근 경기도의 아파트 가격이 폭등하고 있다. 경기도의 아파트는 지
난 2017년부터 오는 2020년까지 입주량이 늘어날 것으로 보인다.

경기도의 아파트 입주량과 매매 가격 지수

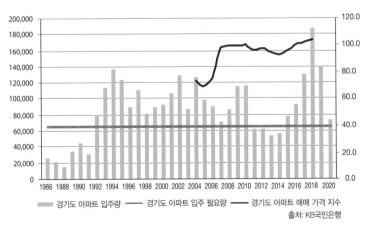

출처: KB국민은행

과거의 그래프가 없기는 하지만 서울이 상승장일 때 경기도의 아파트 가격도 상승한 점으로 미루어봤을 때 경기도 지역 역시 같은 흐름을 보였을 가능성이 높다. 지난 2008년부터 상승하지 못한 경기도의 아파트 시세가 다시 충분히 상승세로 돌아설 것이라는 예측이 가능한 이유다. 지금이야말로 내 집 마련을 위한 최적의 타이밍이라고 생각한다.

박근혜 정부는 경기도에 더 이상 택지 조성을 하지 않겠다고 발표했었으나, 문재인 정부는 다시 택지를 조성하겠다고 밝혔다. 결국 정부의 정책과 세금만으로는 부동산 가격을 잡지 못한다는 것을 인정하고 입주 물량을 늘려 국민들에게 필요한 주택을 공급하겠다는 의미다.

인천광역시

인천의 아파트 입주량과 매매 가격 지수를 보면 서울과 경기도의 흐름과 비슷하다. 다만 인천은 서울 부동산 시장의 뒤를 따라가는 모습을 보인다.

얼마 전 인천의 인구가 300만 명을 돌파하며 명실공히 우리나라에서 세 손가락 안에 드는 대도시임을 입증했다. 아울러 인천은 지자체의 주도하에 송도와 영종도, 청라 등의 신도시를 만들며 과거 폭발적인 상승장을 이끌었던 전적이 있다. 그러나 가파른 폭의 상승 시장과 반대로 하락기에는 타 지역에 비해 큰 하락폭을 기록

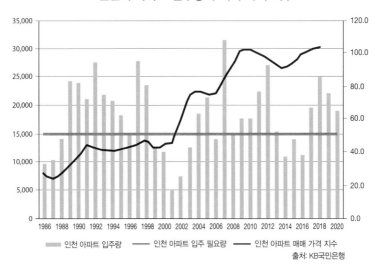

인천의 아파트 입주량과 매매 가격 지수

범례: 인천 아파트 입주량 —— 인천 아파트 입주 필요량 —— 인천 아파트 매매 가격 지수

출처: KB국민은행

함으로써 인천에 대한 투자 심리가 많이 위축되어 있는 실정이다.

이런 상황에서도 필자는 인천의 부동산 시장에 아직 상승 여력이 많다고 판단한다. 송도와 청라를 중심으로 주택 가격이 상승하고 있고, 과거에 분양되지 못한 곳 위주로 빠르게 분양이 완료되며 부동산 시장을 이끌고 있는 것은 물론, 인천 구도심의 재개발이 활발하게 진행되고 있기 때문이다. 인천은 과거처럼 한 번 더 대세 상승장을 이끌 가능성이 높으나, 그래프에서 보듯이 입주 물량이 필요 입주량을 초과하고 있는 상황이기 때문에 지나친 투자는 지양해야 한다.

부산광역시

　부산의 아파트 시세는 지난 1986년부터 1991년까지 폭등한 후 1998년도까지 많은 조정을 받았다. 부산의 아파트 입주량과 매매 가격 지수 그래프를 보면, "산이 높으면 골이 깊다"는 말을 실감할 수 있다.

　부산 지역은 1999년도부터 입주 물량이 적어진 덕분에 시세 상승을 이어오던 중 2004년 잠시 조정장을 맞이했다. 그러나 서울의 아파트 가격이 조정을 받기 시작한 2008년부터 부산의 부동산 가격은 급상승하기 시작했다. 부동산 시세가 급상승하는 시기에 서울의 아파트 가격이 조정을 받으면서 투자자들이 부산에 집중

부산의 아파트 입주량과 매매 가격 지수

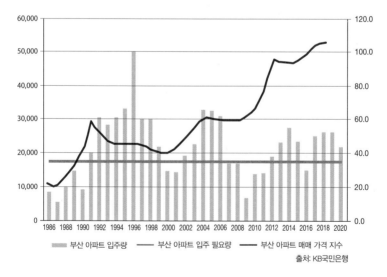

부산 아파트 입주량 ▬▬▬ 부산 아파트 입주 필요량 ▬▬▬ 부산 아파트 매매 가격 지수

출처: KB국민은행

적으로 투자를 했던 까닭이다. 2012년까지 시세가 상승한 부산은 조정기를 잠시 거치고, 부산해운대를 중심으로 개발된 대형 새 아파트를 필두로 대세 상승장을 이끌었다.

최근 부산은 그간 이어왔던 큰 폭의 상승과 입주 물량으로 인해 조정을 받고 있다. 앞에서 설명했듯이 한번 조정장을 맞기 시작하면 장기간 가기 때문에 섣부르게 투자는 하지 말아야 할 것이다.

대구광역시

대구의 그래프를 보면 과거에는 부산과 비슷한 흐름을 보였다. 하지만 최근의 상승 그래프는 흐름이 조금 다르다. 부산은 2008년부터 3년간 상승하다 조정을 받았고, 대구는 부산이 조정을 받기 시작한 2011년부터 5년간 시세가 크게 오른 후 잠시 숨 고르기를

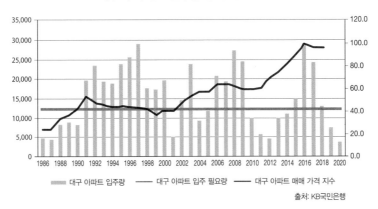

대구의 아파트 입주량과 매매 가격 지수

▨▨▨ 대구 아파트 입주량 ── 대구 아파트 입주 필요량 ── 대구 아파트 매매 가격 지수

출처: KB국민은행

하고 있다. 부산의 대세 상승장 바통을 대구가 이어받은 모양새다.

대구는 현재 수성구의 대형 새 아파트가 상승장을 이끌고 있는 한편, 재개발 프리미엄 역시 크게 오르고 있는 상황이다. 하지만 대구도 과거에 시장의 흐름을 웃도는 지나친 폭의 상승을 보였기 때문에 부산처럼 2년 후에는 조정을 받을 수도 있어 투자에 신중을 기해야 한다. 특히 과거에 얼마나 많은 입주량이 누적되었는지도 살펴보는 것이 중요하다.

광주광역시

광주는 특이하게 인구에 비해 아파트가 많고, 매매 가격 대비 전세 가격이 가장 높은 지역이다. 그래서인지 전국에서 주택을 가

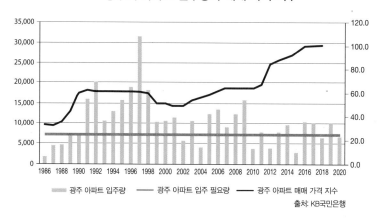

광주의 아파트 입주량과 매매 가격 지수

출처: KB국민은행

장 많이 소유하고 있는 투자자도 광주 사람이다. 즉, 매매 대비 전세 가격이 높아서 갭 투자를 하기 좋은 곳이라는 의미다. 그렇다고 적극적으로 갭 투자를 하라는 것은 절대 아니다. 갭이 적다고 무조건 투자를 하기보다는 상승 여력이 많은 물건을 찾아 '현명한 투자'를 하는 게 중요하다. 과거 데이터를 보면 1987년부터 1990년까지 시세가 급상승을 보였지만 입주량이 크게 늘어나 2002년까지 조정을 받았고, 이후 완만하지만 꾸준한 상승세를 보였다. 입주 필요량에 비해 최근 수년간 공급이 더뎠기 때문에 앞으로도 조금씩 가격 상승을 유지할 가능성이 높다.

대전광역시

마지막으로 대전의 아파트 입주량과 매매 가격 지수를 보자. 2001년까지 조용하던 대전은 이후 2005년까지 약 4년간 아파트 가격이 상승하고 2010년까지 조정을 받다가 2013년까지 다시 상승한 다음 지금까지 보합세를 유지하고 있다.

최근 인근 세종특별자치시에 아파트 물량이 대거 풀리며 대전에 비해 전세 시세가 낮게 형성된 까닭에 많은 사람들이 세종으로 이사를 선택했다. 이러한 이유로 대전의 아파트 시세는 수년 동안 오르지 않았으나, 전국 광역시급 도시 중 상대적으로 저평가되어 있다고 판단된다. 실제로 2년 전부터 전국의 많은 투자자들이 꾸준하게 투자하고 있는 곳이 바로 대전이다.

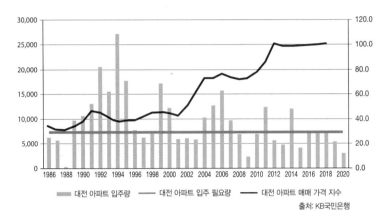

대전의 아파트 입주량과 매매 가격 지수

대전 아파트 입주량　——— 대전 아파트 입주 필요량　——— 대전 아파트 매매 가격 지수

출처: KB국민은행

　지난 2010년, 도안 신도시에서 미분양 대형 평수를 대폭 할인하고 있다며 지인이 함께 매수를 하러 가자고 했던 적이 있다. 당시 대구의 부동산 시장이 대형 평수의 미분양으로 어려움을 겪고 있던 시절이라 필자는 군이 그 먼 대전까지 가서 미분양 아파트를 살 필요가 있겠느냐고 말했던 기억이 난다. 하지만 그때 미분양 할인으로 어렵게 분양을 마쳤던 아파트들이 각각 수억 원의 가격 상승을 기록하고 있으니 한탄할 노릇이다.

　대전은 최근 재개발·재건축 시장이 살아나고 있으며, 미분양이 모두 소진되었고, 아파트 분양권 프리미엄이 높게 형성되는 등 대세 상승장에 들어섰다고 본다. 즉, 투자의 적기라고 판단된다.

똘똘한 한 채,
수도권 대형 새 아파트에 관심을 가져라

　필자는 올해 초에 개인 블로그 〈나눔부자의 부동산여행〉에 '수
도권 대형 새 아파트에 관심을 가져야 한다'는 제목의 글을 올린
적이 있다. 당시 시장의 흐름과 부동산 시장에 대한 정부의 정책
을 고려해봤을 때 소위 말하는 '똘똘한 집 한 채'의 가치가 높아질
것이라는 판단에서였다.

　결과적으로 필자의 예상은 정확히 맞아떨어졌다. 규제를 강화
하겠다는 현 정부의 의지와 맞물려 현재의 부동산 시장은 다소 침
체기를 맞이하고 있으며, 그 결과 벌써부터 똘똘한 집 한 채로 수

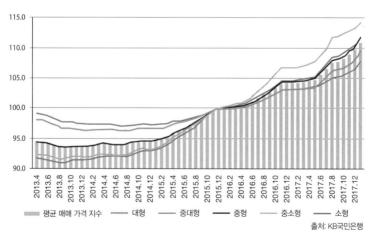

서울의 아파트 규모별 매매 가격 지수

출처: KB국민은행

요가 몰리는 현상이 나타나고 있는 것이다. 이는 서울의 규모별 아파트 매매 가격 지수에서도 확인할 수 있다. 서울의 규모별 아파트 매매 가격 지수를 보면 과거에는 대평 평수의 시세가 크게 올랐지만, 2015년을 기준으로 소형 아파트의 가격 상승폭이 이를 앞지른 것으로 나타났다.

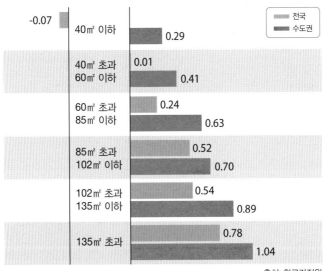

규모별 아파트 매매 가격 지수 변동률(단위: %)

	전국	수도권
40㎡ 이하	-0.07	0.29
40㎡ 초과 60㎡ 이하	0.01	0.41
60㎡ 초과 85㎡ 이하	0.24	0.63
85㎡ 초과 102㎡ 이하	0.52	0.70
102㎡ 초과 135㎡ 이하	0.54	0.89
135㎡ 초과	0.78	1.04

출처: 한국감정원

물론 해당 시기에도 대형 및 중대형 아파트의 가격이 안 오른 것은 아니다. 다만 대다수의 매스컴에서 소위 '1인 가구 시대'를 강조한 까닭에 건설사에서도 소형 아파트를 더 많이 분양했기에 일어난 현상이다.

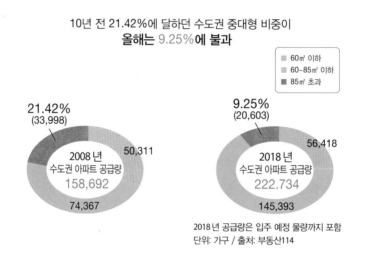

10년 전 21.42%에 달하던 수도권 중대형 비중이
올해는 9.25%**에 불과**

- 60㎡ 이하
- 60~85㎡ 이하
- 85㎡ 초과

21.42%
(33,998)

50,311

2008년
수도권 아파트 공급량
158,692

74,367

9.25%
(20,603)

56,418

2018년
수도권 아파트 공급량
222.734

145,393

2018년 공급량은 입주 예정 물량까지 포함
단위: 가구 / 출처: 부동산114

우리가 주목해야 할 부분은 부동산 시장의 흐름과 정부 정책 간의 관계다. 먼저 대형 아파트가 주목받던 노무현 정부 시절의 정책을 살펴보자. 당시 정부는 중과세를 3가구 이상의 다주택자에게 60%, 2가구 세대에는 50% 부과했다. 이에 따라 부동산 시장은 지금과 마찬가지로 똘똘한 한 채에 수요가 집중되었고, '이왕이면 큰 집에 살고 싶다'는 사람들의 욕망이 더해져 대형 아파트 시대가 도래한 것이었다.

문재인 정부 역시 과거 노무현 정부처럼 다가구 세대에 대해서 중과세를 실시하고, 각종 부동산 세금을 올리며 다주택자를 잡을 것이라는 의지를 분명히 했다. 각종 매스컴에 '똘똘한 한 채'라는 말이 등장한 것 역시 10여 년 전과 똑같다.

과거를 보면 미래를 알 수 있듯이 먼저 부동산 대세 상승장을 맞이했던 부산과 대구를 보면 차후 대형 아파트가 소형 아파트보다 많이 오를 것을 예상할 수 있다. 다음의 그래프를 통해 부산과

부산의 규모별 아파트 매매 가격 지수

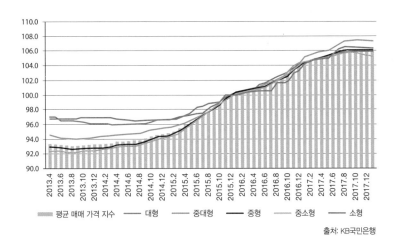

출처: KB국민은행

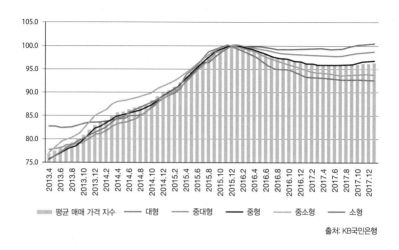

대구의 규모별 아파트 매매 가격 지수

출처: KB국민은행

대구 역시 최근에는 대형 및 중대형 아파트 가격 지수가 소형과 중소형을 역전한 것을 확인할 수 있다.

필자는 이러한 이유와 더불어 최근까지 이어진 신축 대형 아파트 부족 현상을 근거로 봤을 때 앞으로 등장할 서울과 수도권의 대형 새 아파트가 부동산 시장을 이끌 가능성이 높다고 판단하고 있다. 똑똑한 한 채, 이왕이면 서울과 수도권의 대형 새 아파트에 주목하길 바란다.

정부의 정책, 결코 가볍게 여겨서는 안 된다

우리나라의 부동산 정책과 법은 정부에서 결정한다. 하지만 역대 어느 정권도 원하는 만큼 부동산 시장에 영향력을 행사하지는 못했다. 다시 말해 일시적인 조정 기간이 있었을 뿐, 부동산 시장은 결국 상승했다.

자유경제체제를 선택한 대한민국에서 정부가 부동산 시장을 완벽하게 휘어잡는 일은 애당초 불가능하다. 특히 집에 대한 욕망이 세계 어떤 나라보다 높은 우리나라 국민들의 특성상 정도의 차이가 있을 뿐, 지속적인 부동산 가격 상승은 어찌 보면 당연한 수순이라고 여겨질 정도다. 그럼에도 불구하고 정부는 국내 경제 상황에 따라(혹은 정치적 이유로) 그에 맞는 정책을 내놓고 있다.

국내 자산의 대부분을 차지하는 부동산에 대한 정책은 선택이 아닌 필수다. 하지만 아무리 강력한 정책도 결국 시장의 흐름을 통제하지 못했다. 부동산 시장의 전환점으로 평가받는 김영삼 정부의 '부동산 실명제'조차 재임 기간 동안 약간의 조정에 성공했을 뿐, 다른 정권에서는 항상 가격 상승이 일어났다.

실효성 여부를 떠나 정부의 부동산 정책은 반드시 필요하다. 만약 부동산을 완전히 시장의 자유에 맡겨버린다면 감당할 수 없는 파국이 몰아칠 것이 불 보듯 뻔하기 때문이다. 정부의 정책이 풀린다면 일부 자본가들이 부동산을 독점하고 가격을 천정부지로 올릴

게 분명하다. 이에 따라 부의 편중은 더욱 심화될 것이고, 결국 우리나라의 부 대부분을 소수가 차지한 채 과거 조선시대와 같은 '경제계급사회'가 될지도 모를 일이다. 결국 부동산의 폭발적인 가격 상승을 막는 최소한의 장치인 정부 정책은 반드시 필요한 것이다.

문재인 정부의 부동산 정책 기조는 간단하다. '다주택자를 잡는 것.' 이에 맞게 중과세 부과와 종부세 및 보유세, 재산세 증액 등 다양한 억제 정책을 쏟아내고 있다. 부동산 시장이 경색된 것도 정책의 예고·시행에 따른 결과다.

그렇다면 과연 이번 정책은 얼마만큼의 효과가 있을까? 과거 정권의 정책을 토대로 이를 예상해보자.

다음의 표는 역대 정부의 부동산 정책과 그에 따른 전국의 집

역대 정부의 주요 부동산 정책과 전국의 부동산 변동

	노태우 정부	김영삼 정부
부동산 정책	주택 200만 가구 건설 정책	부동산 실명제 도입
집값 변동률	43.3% (전국)　42.2% (서울) 1988.2.~1993.2.	1993.2.~1998.2. -2.0 (전국)　-2.8 (서울)
주택 공급량 괄호 안은 연평균 공급량	271만 8,012 가구 (54만 3,602 가구)	312만 5,797 가구 (62만 5,159 가구)

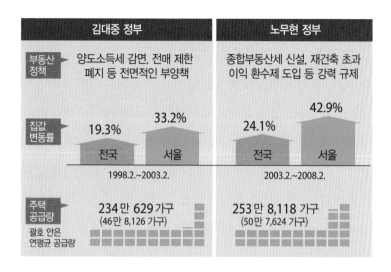

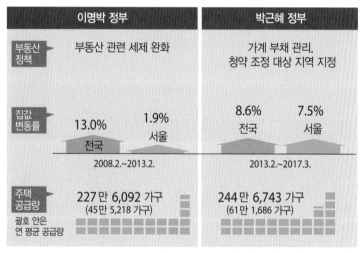

값 변화를 나타낸다. 전체적으로 살펴보면 부동산 실명제를 실시
한 김영삼 정부 시절을 제외하고는 모든 정권에서 예외 없이 집값

이 오른 것을 확인할 수 있다. 또한 매년 최소 45만 5,000가구에서 최대 62만 5,000가구까지 새롭게 공급되었다. 즉, 부동산 가격에 상관없이 항상 일정 수준 이상의 수요가 존재하는 것이다.

자세히 살펴보면 노태우 정부에서는 부동산 가격을 잡기 위해 '주택 200만 가구 공급'을 골자로 공급량을 늘렸지만 오히려 40%를 웃도는 상승률을 기록했다. 다음 정권인 김영삼 정부에서는 부동산 시장의 폭등을 잡고자 '부동산 실명제'를 도입해 강력한 억제 정책을 펼쳤다. 부동산 실명제의 도입은 그동안 인정되어온 '명의신탁(다른 사람 이름으로 부동산 등기가 가능한 것)'의 전격적인 폐지로 연결되었다. 이로 인해 해당 정부에서는 역대 정권 중 처음으로 마이너스(-) 성장률을 기록하게 되었다. 하지만 하락폭은 2%대로 생각보다 효과가 크지 않았다. 이 같은 결과는 과거 노태우 정부 정책의 영향으로 상승폭이 커 충분한 효과를 거두지 못했기 때문이다. 부동산의 흐름이 당시의 정부 정책보다는 전 정권의 부동산 정책에 영향을 많이 받는다는 것을 방증하는 사례다.

김대중 정부에 들어서는 위축된 부동산 시장을 살려 국내 전체 경기를 일으키기 위해 전면적인 부양책을 시행했다. 양도소득세 감면, 전매 제한 해지 등 지금으로서는 상상하기 어려운 부양책이 대거 쏟아져나온 것이다. 이로 인해 전국의 주택 가격은 약 19%, 서울의 주택 가격은 무려 33%가 증가했다. 부동산 투자자로서는 최고의 호기를 맞이했던 셈이다. 하지만 해당 부양책의 효과는 오히려 다음 정부에서 확인되었다.

노무현 정부는 널뛰는 주택 가격을 잡고자 종합부동산세 신설, 재건축 초과 이익 환수제 도입 등 강력한 규제 정책을 내놨다. 하지만 부동산 투자에 눈을 뜬 이들은 집요하게 투자를 계속했고, 결국 전국과 서울의 주택 가격은 각각 24%, 43%가 올랐다. 김영삼 정부와는 다른 측면에서 부동산 정책의 한계를 확인했던 것이다.

이명박 정부에서는 부동산 관련 세제를 완화하는 정책을, 박근혜 정부 역시 글로벌 경제 위기로 인한 경기 침체에서 벗어나기 위해 다양한 부양책을 내놓으며 10% 안팎의 주택 가격 상승을 이끌어냈다.

가장 중요한 현재 문재인 정부의 부동산 정책을 살펴보면 일단 기본적인 기조는 분명 '규제 정책'을 유지한다는 것이다. 전국 500곳의 도시 재생, 공적 임대주택 공급 확대 등 다른 방향에서 부동산 수요를 충족시키겠다는 계산이다. 한편 세제 개편도 함께 내놨다. 하지만 당초 예상과는 달리 다주택자를 제외한 일반인들에게는 큰 부담이 되지 않는 만큼 부동산 가격을 잡기에는 무리라는 평가가 많다. 실제로 올해 초부터 억눌려 있던 부동산 시장이 다시 꿈틀거릴 조짐을 보이고 있기도 하다.

조심스럽긴 하지만 필자는 앞서 발표한 '분양가 상한제'와 '대출 규제'에 대해 부정적인 의견을 갖고 있다. 특히 주변 시세를 기준으로 분양가를 책정하는 '분양가 상한제'는 최근 '투기'로 명명될 만큼 폭발적인 관심이 쏟아지고 있는 소위 '묻지 마 청약' 혹은 '로또 청약'의 시발점이라고 생각한다. 새 아파트임에도 불구하고 인근 구축 아파트와 비슷한 분양 가격으로 억제하는 해당 정책으로 인해 반대편의 프리미엄이 상승하는 '풍선효과'가 발생하는 까닭에 오직 시세 차익만을 노리는 일부 '투기꾼'은 물론, 투자자와 일반인을 가리지 않고 무차별적으로 청약을 넣고 있는 것이다. 부동산 시장의 안정화를 위해 내건 정책이 오히려 부동산 투기를 권장하는 결과를 낳은 아이러니한 상황이 발생한 셈이다.

서민들의 내 집 마련을 도와주기 위한 목적으로 대출 규제를 강화한 각종 정책 또한 오히려 내 집 마련을 어렵게 만들고 있는 모양새다. 대출을 받아 투자를 하는 일부 투자자들 역시 타격을 받은 것은 사실이지만, 같은 맥락에서 실거주자들의 내 집 마련을 위한 대출도 덩달아 늘어난 것이다. 예컨대 5억 원짜리 집을 매수한다고 가정했을 때 과거에는 70%인 3억 5,000만 원의 대출이 가능했다면 이제는 그보다 적은 2억 원밖에 나오지 않는 식이다. 즉, 실거주자 입장에서는 거북이걸음으로 모은 자금으로 토끼와 같은 뜀박질로 내달리는 집값을 따라잡아야 하는 형국이다. 결국 주머니 속 돈이 많은 일부 부자를 제외하면 내 집 마련의 꿈은 더욱 이루기 어려워진 것이다.

물론 이러한 정책이 영원히 계속되지는 않을 터다. 정부의 정책은 어디까지나 일부 시장의 억제와 조율 기능만 할 뿐, 결국 큰 흐름은 시장의 자유에 따라가기 때문이다. 다만 이번 정책으로 필자와 같은 서민들의 내 집 마련이 어려워지고, 부동산 투자가 상당히 위축된 것은 사실이다. 하지만 필자는 아직도 서울 부동산 시장의 상승 여력은 남아 있다고 본다. 강남과 잠실을 중심으로 일부 아파트의 가격이 하락하고 있다고는 하지만 속을 들여다보면 이미 충분히 오를 만큼 오른 가격이 약간의 조정을 받았을 뿐이다. 다른 지역은 물론, 강남과 잠실 대부분의 아파트 가격은 여전히 오름세를 보이고 있다.

부동산 정책에 따른 부동산의 흐름

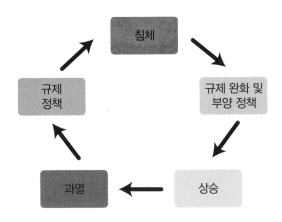

부동산 시장의 흐름을 결정하는 요소는 매우 다양하다. 정부의 정책 역시 그중 하나로 일정 기간 영향을 줄 수는 있을지언정 결코 시장의 흐름을 좌우하지는 못한다. 하지만 그럼에도 불구하고 정부의 부동산 정책은 꼼꼼하게 살펴봐야 한다. 이를 통해 정부가 바라고 유도하고자 하는 부동산 시장의 흐름을 알 수 있기 때문이다. 예컨대 부동산 시장이 너무 경색되어 국가 전체가 경기 침체로 이어진다고 판단될 경우 규제를 완화할 것이고, 반대의 경우 시장을 억제하기 위한 정책을 쏟아낼 것이다. 즉, 정부의 정책이 부동산 투자자에게는 투자 결정을 가늠하는 한 가지 기준이 되는 셈이다.

빚이
꼭 나쁜 것만은 아니다

필자가 아직 부동산 투자에 대해 편협한 시각을 갖고 있었던 2008년, 한 지인이 대구 지산동의 아파트 매입을 권했다. 당시 해당 아파트의 매매 시세는 1억 원, 전세 시세는 9,000만 원이었다. 지인은 한 채당 1,000만 원이면 매입할 수 있으니 1억 원으로 10채를 마련해놓으면 큰돈이 될 것이라고 말했다.

필자는 속으로 '미친X'이라고 욕을 퍼부었다. 갭 투자에 대한 인식이 전혀 없었기 때문에 그렇게 다수의 아파트를 샀다가 망할까봐 걱정되었던 까닭이다.

10년이 지난 현재 그 아파트는 약 1억 5,000만 원이 올랐다. 만약 당시 '미친 척'하고 1억 원을 투자했다면 10년 만에 15억 원, 연봉 1억 5,000만 원의 수익을 올렸을 것이다.

다른 사람들과 마찬가지로 '빚은 무조건 나쁘다'는 인식이 불러온 안타까운 결과인 셈이다. 하지만 후회는 아무리 빨라도 늦는 법이다. 같은 맥락에서 인식의 변화는 빠를수록 좋다.

부디 이 책을 읽는 독자들이 하루라도 빨리 빚과 부동산에 대한 잘못된 인식을 바로잡길 바라본다.

나눔부자의 한마디

"대한민국 부동산의 현재와 미래가 한눈에 보이는
국토개발계획·도시기본계획에 주목하라."

재개발,
과연 금 만드는 도깨비방망이인가?

재 개 발 · 재 건 축 의 　 허 와 　 실

재개발 투자야말로 타이밍 싸움이다!

　'부동산 투자는 재개발이 최고다', '재개발 투자는 10년을 보고
해야 한다', '재개발은 리스크가 큰 투자 방식이다', '재개발은 투
자금이 많이 필요하다' 등 재개발 투자에 대해 심각한 편견을 갖
고 있는 경우가 많다. 실제로 필자 주변에도 '부동산 투자 하면 재
개발'이라는 편협한 시각에 사로잡혀 있는 사람들이 많다.

　재개발 혹은 재건축에 '잘' 투자하면 큰 수익을 얻을 수 있는
것은 사실이다. 최근 부동산 시장이 얼어붙은 상황에도 불구하고
이른바 '로또 분양'으로 불리는 재개발·재건축 일반 분양 청약에
사람들의 발길이 몰리는 현상도 같은 이유다. 하지만 이러한 로또

분양에 당첨되려면 말 그대로 로또의 당첨 확률을 뚫을 정도로 극한의 운이 필요하다. 즉, 이는 투자가 아닌 복권이나 마찬가지인 셈이다. 그 로또를 사는 방법이 있다. 바로 재개발 입주권을 미리 선점하는 것이다. 그러면 RR(로얄동, 로얄호)을 선점할 수 있는 권리까지 덤으로 얻을 수 있다.

재개발·재건축의 올바른 투자를 위해서는 더욱 많이 공부해야 한다. 단순히 '어디어디 지역이 많이 낡았으니 일단 집을 한 채 사놓고 재개발을 기다리자'와 같은 막무가내 식 투자 결정은 피해야 한다. 필자 또한 과거에 대구 수성구 황금동 재개발 지역의 물건을 '언젠가는 재개발이 되겠지'라는 생각으로 낙찰 받았던 기억이 있다. 하지만 그 지역은 10년 가까이 지났음에도 불구하고 재개발이 추진되지 않고 있다.

그렇다면 재개발과 재건축의 차이는 무엇인지 알아보자.

재개발은 정비기반시설(도로, 상·하수도, 전기 등)이 열악하고 노후·불량 건축물이 밀집한 지역을 전체적으로 재정비하는 사업을 가리킨다. 한편 재건축은 정비기반시설은 양호하나 건축물이 노후하거나 불량한 경우 시행하게 된다. 즉, 아파트 단지 단위의 사업이라고 할 수 있다. 다시 말해 재개발은 건축물을 포함한 지역 전체의 대대적인 정비 사업인 반면, 재건축은 건축물 자체에 한정된 정비 사업이다. 재개발이 재건축의 상위 개념이라고 보면 이해하기 쉽다.

재개발·재건축 투자가 '돈이 되는 이유'는 간단하다. 사람들은 누구나 새 아파트에 살고 싶은 욕망을 갖고 있기 때문이다. 특히 이른바 '브랜드 아파트'의 경우 수요가 폭발적으로 늘어나는 현상을 보인다. 수요는 많은데 공급은 한정되어 있으므로 가격이 올라가는 것은 당연하다.

다시 본론으로 돌아가자. 사업 범위의 차이는 있겠지만 재개발과 재건축을 관통하는 핵심은 결국 '타이밍'이다. 예컨대 A라는 사람이 10년 전 1억 원에 매입했던 낡은 주택이 10년 후 2배가 되었다고 가정해보자. 그렇다면 이 경우 과연 A가 수익을 얻었다고 할 수 있을까? "그렇다"고 대답하는 사람이 있다면 나는 '투자자로서 실격'이라고 평가하고 싶다. 10년이면 단순 물가상승률만 따지더라도 제법 많은 가격 상승을 기대할 수 있다. 매년 물가상승률을 상회하는 증가폭을 기록해온 부동산 시장의 경우 더 높은 수익을 창출할 가능성이 크다. 물론 A는 10년 동안 100%에 달하는 수익을 내는 데 성공했지만, 반대로 말하면 그동안 수많은 기회비용을 잃어버린 셈이다.

이 예시에서 A가 저지른 잘못은 크게 2가지다. 첫 번째는 사업 시행 여부를 확신할 수 없는 물건에 투자한 것이고, 두 번째는 수많은 기회비용을 그냥 지나침으로써 더 많은 수익 기회를 잃어버린 것이다. 10년을 기다려야 하는 투자는 올바른 투자가 아니다.

여기서 많은 사람들이 이런 의문을 가질 것이다.

'재개발·재건축 투자의 최적의 타이밍은?'

그간의 경험을 토대로 내가 내린 결론은 바로 '관리 처분 인가 후'다. 관리 처분 인가는 '재산을 관리하고 처분할 수 있는 권리'를 의미한다. 관리 처분 인가가 났다는 것은 재산 처분에 대한 권리를 획득했다는 뜻으로, 사업을 본격적으로 시작할 수 있는 행정적 근거가 마련되었다고 해석하면 된다.

아래의 표를 보자.

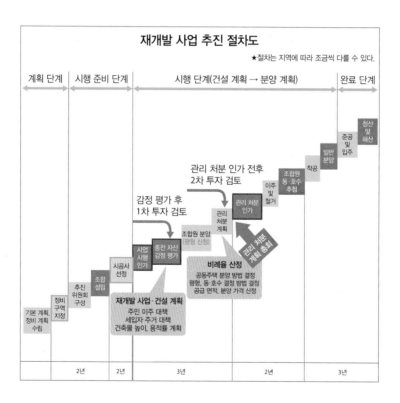

그래프에서 보듯이 관리 처분 인가가 나면 이주 및 철거가 시작된다. 이주와 철거가 완료되면 실질적인 지역 정비와 재건축이 이루어지며, 모든 과정이 끝나면 우리가 잘 아는 '분양'을 거쳐 입주를 하게 된다. 다시 말해 관리 처분 인가 이전의 과정은 사업성 여부를 따지기 위한 '충분조건'이며, 관리 처분 인가 자체는 사업 진행을 가늠하는 '필수조건'이라고 할 수 있다.

관리 처분 인가 후 결정되는 사항들

- 조합원 분양가와 일반 분양가가 결정된다.
- 평형별 세대수(30평은 몇 채 지을지, 20평은 몇 채 지을지)가 결정된다.
- 조합원 평형 신청(조합원이 몇 평짜리를 신청했는지)이 결정된다.
- 이주비와 이주 촉진비(이사비)가 결정된다.
- 감정 평가가 나온다.
- 비례율이 결정된다.
- 권리가액이 결정된다.(권리가액=감정가×비례율)
- 조합원에게 부여되는 각종 혜택이 결정된다.(확장비 무료 여부 등)

재개발 지역에 걸린 '조합 설립 총회 현수막'이나 '대기업 건설사 선정 광고'를 보고서 재개발이 본격적으로 시작될 거라고 생각해서는 절대 안 된다. 관리 처분 인가가 나기까지 몇 년이 걸릴지 알 수 없기 때문이다. 실제로 많은 재개발 사업이 10년 이상 걸리는 경우가 허다하다. 이번 대세 상승장이 지나고 다음 대세 상승

장까지 와야만 진행되는 경우가 많은 것이다.

대기업 건설사가 선정되었다는 의미는 단지 MOU memorandum of understanding(양해각서)를 맺었다는 것이지, 책임을 지고 시공을 하겠다는 뜻이 아니다. 심지어 건설사는 자기에게 유리하지 않거나 사업성이 떨어지면 언제든지 빠져나갈 구멍을 만들어놓는다.

투자의 귀재로 불리는 워런 버핏이 투자의 원칙을 "첫째도 안정성, 둘째도 안정성, 셋째도 안정성이다"라고 말한 것처럼 재개발·재건축을 타깃으로 한 최적의 투자 타이밍 역시 사업 진행 여부가 확실히 결정되는 관리 처분 인가가 난 후인 것이다.

그렇다면 투자의 다른 측면인 수익성을 살펴보자. 앞서 설명한 대로 사업 진행 여부가 결정되는 관리 처분 인가가 난 후에는 어떤 물건이든 프리미엄이 상승하기 마련이다. 안정성은 확보되는 반면, 수익성은 감소하는 모양새다. 서울의 경우 관리 처분 인가가 떨어진 물건의 프리미엄은 최소 1~2억 원가량 형성되는 게 보통이고, 강남·잠실·송파권은 그 이상이 붙기도 한다. 수익성이라는 측면만을 따졌을 때에는 그리 좋은 타이밍이 아닌 셈이다. 그럼에도 불구하고 재개발·재건축 투자는 관리 처분 인가가 난 후에 해야 한다. 투자는 투기가 아니다. 리스크가 높은 수익을 노리기보다는 안정적이고 지속적인 수익을 추구하는 것이 바람직하다.

수익성과 안정성의 두 마리 토끼를 모두 잡으려면 다음과 같은 몇 가지 조건이 필요하다.

– 사업 진행 여부에 대한 확실한 근거

– 프리미엄이 형성되기 전 해당 지역 내 물건 선매입

– 수년간 진행될 사업 기간에 묶어둘 자금의 유동성 확보

하지만 어느 것 하나 쉬운 부분이 없다. 특히 가장 중요한 사업 진행 여부는 그 누구도 확신하지 못한다. 당장 내일이라도 시작될 것처럼 여겨지던 사업도 하루아침에 백지화될 수 있는 까닭이다.

여기서 한 가지 더, 재개발 투자에도 '틈새 타이밍'이 있다. 바로 감정 가격이 나온 후 이주가 시작되는 시기다. 감정 가격에 대한 기대가 높았던 조합원들은 다소 낮게 나온 금액을 보고 이른 바 '실망 매물'을 내놓는 경우가 많다. 안타깝긴 하지만 이주비만으로는 새로운 거주지를 구하지 못하는 사람들 역시 어쩔 수 없이 매도를 결정하게 된다. 또한 오랫동안 주택에 거주하던 어르신들은, 아파트는 닭장 같아서 살기 싫다며 매도 후 또 다른 지역의 주택으로 옮기기도 한다.

재개발·재건축 투자에 있어 수익성과 안정성 모두를 잡기는 매우 힘들다. 이러한 현실에서 재개발·재건축 투자로 인해 어려움을 겪어봤던 나로서는 '안정성〉수익성'이란 공식에 충실할 수밖에 없다. 아무리 높은 수익도 결국 사업이 결정된 후에야 보장을 받을 수 있기 때문이다.

그렇다고 무조건 관리 처분 인가 후 매입을 하라는 것은 아니

다. 요즘같이 재개발 시장이 활성화되고 누구나 재개발이 돈이 된다는 것을 알 만큼 보편적인 시장이 된 때에는 관리 처분 인가가 난 후 엄청난 프리미엄이 붙기 마련이다. 이럴 때에는 남보다 조금 앞서 투자를 해야 한다.

필자가 추천하는 선점 시기는 감정 평가가 난 후다. 감정 평가액에 실망한 소유주가 내놓은 이른바 '실망 매물'을 매입하거나, 아예 감정 평가가 나기 전에 빌라를 선매입 하는 것도 좋은 방법이다. 빌라를 추천하는 이유는 주택에 비해 시세가 낮고, 거래 사례 비교법으로 감정 평가가 나 주택보다 감정 가격이 높게 나오기 때문이다.

'안정성에 기초한 최적의 재개발·재건축 투자 타이밍은 관리 처분 인가 후다.'

밑줄 쫙 그어야 할 부분이다.

그러면 많은 사람들이 이렇게 반문할 것이다.

"관리 처분 인가가 나면 벌써 프리미엄이 붙어 가격이 높아지는데 투자하기 늦지 않나요?"

그렇다. 관리 처분 인가가 난 지금의 서울 재개발 물건은 프리미엄이 몇 억 원씩 올라가 있다. 그러나 재개발·재건축 투자가 활발하지 않았던 3년 전에는 프리미엄이 적거나 아예 없는 지역도 있었다. 결국 투자자들이나 현지인들이 투자처로서의 가치를 깨닫기 전에 선점하는 것이 중요하다. 과거 그런 곳이 서울이었다면 지금은 어디일까? 2018년 8월 시점, '인천'과 '대전'을 꼽을 수 있다.

서울만 도시냐, 다른 지역에도 눈을 돌려라

"사람은 서울로, 말은 제주로 보내라"는 속담처럼 우리나라의 모든 문화·경제·행정의 중심은 바로 서울이다. 세계에서도 손꼽히는 도시인 서울의 특별함은 부동산 가격에서도 확인된다. 15년째 전국에서 땅값 1위를 차지하고 있는 명동의 네이처리퍼블릭 부지의 평당 공시지가는 무려 9,130만 원이다. 정확한 시세를 알 수는 없지만, 공시지가를 훌쩍 상회할 것으로 예상된다. 군이 해당 부지를 예로 들지 않더라도 서울 시내 토지와 건물의 시세는 일반인들이 박탈감을 느낄 만큼 상상을 뛰어넘는다.

아파트 가격 역시 다른 지역과는 차원이 다르다. 부산 해운대와 같은 일부 특수한 지역을 제외하면 전국 아파트 시세표의 상위권을 차지하고 있는 곳은 대부분 서울이기 때문이다. 이러한 배경으로 서울에서 진행되는 재개발·재건축 사업에 대한 투자 역시 성공하면 큰돈이 되는 것은 사실이다. 앞서 표현한 대로 '로또'가 현실로 이루어지는 셈이다. 이에 수많은 사람들이 서울 지역의 재개발·재건축이라고 하면 '일단 지르고 보자'는 생각을 갖고 있다.

심지어 돈이 없어도 일단 분양을 신청하고 당첨되면 높은 프리미엄을 얹어 매도하기도 한다. 하지만 서울 지역의 재개발·재건축에 당첨되기는 하늘의 별따기나 다름없다. 수백 대 일의 경쟁률은 기본이고, 당첨되더라도 수억 원 이상의 자금이 당장 들어가야 하기 때문이다. 물론 그럼에도 불구하고 일단 당첨되기만 하면 금액의 차이는 있을지언정 꽤 많은 수익을 보장 받을 수 있다.

그렇다면 오직 서울 지역의 재개발·재건축만을 목표로 하는 것이 올바른 선택일까? 각자의 선택에 달린 문제이기는 하지만, 나는 로또 확률의 물건에 수억 원을 묶어두는 것은 투자자로서 그리 현명한 선택이 아니라고 생각한다. 실제로 나는 경쟁이 심하고 자금이 많이 들어가는 서울 지역의 재개발·재건축에는 잘 투자하지 않는다. 예전에 바늘구멍 이대표와 함께 미분양 된 응암 4구역 입주권에 투자해 1억 원 가까이 수익을 본 적이 있기는 하지만 여러 가지 이유로 서울의 재개발·재건축에는 투자하지 않는다.

최근 내가 주목하고 있는 재개발·재건축 투자처는 바로 인천, 부천, 수원 등 서울과 인접한 도시다. 지방 재개발·재건축의 경우 서울에 비해 사람들의 주목이 덜한 까닭에 프리미엄이 낮게 형성되어 있어 초기 투자 장벽이 낮은 장점이 있다. 반면 서울과는 달리 새 아파트 수가 적기 때문에 착공 후 높은 프리미엄 상승폭을 기대할 수 있다.

해당 지역에서 내가 투자한 물건은 인천 산곡 2-1구역과 인천

주안 3구역이다. 둘 다 관리 처분 인가가 떨어진 사업으로 각각 2,000만 원, 3,800만 원의 프리미엄을 포함해 실제 투자금은 8,000만 원, 3,340만 원이 들어갔다. 어디까지나 예측이지만 향후 매도 시점 기준 1억 원 이상의 수익을 기대하고 있다. 아래의 표는 실제 세부 투자 내역 및 기대 수익을 나타낸 것이다.

재개발 투자 물건 분석법

주안 3구역(LG자이&쌍용)	
매매가	7,300만 원(5,300만 원+프리미엄 2,000만 원)
권리가액	5,321만 원(비례율: 100.4%)
이주비 감정 평가액의 70%	3,710만 원(60% 무이자, 10% 유이자)
이사비	500만 원
취득세 및 법무사 비용과 중개 수수료	약 250만 원
확장비 무료, 옵션 무료, 중도금 무이자 등	
투자금: 7,300만 원-3,710만 원-500만 원+250만 원=3,340만 원	
조합원 분양가: 25,960만 원(24평 기준) 주변 시세: 3.3억 원	

최근 투자한 곳으로, 매입 가격이 7,300만 원이고, 감정 평가 금액이 5,300만 원이므로 프리미엄을 2,000만 원 주고 산 셈이다. 정확히 계산하면 감정가액이 5,300만 원이므로 비례율 100.4%를 곱하면 권리가액 5,321만 원, 프리미엄 1,979만 원을 주고 산 것이다. 여기에 취득세 및 법무사 비용과 중개 수수료로 약 250만 원이 나갔다. 총 지출 금액은 7,550만 원이었다.

여기서 감정 평가 금액의 70%가 나오는 이주비 3,710만 원을 공제해야 한다. 그리고 해당 물건은 이사비 500만 원을 추가로 받는다. 여기까지 실투자금을 계산하면 3,340만 원이다. 놀랍지 않은가? 이렇듯 재개발 투자 역시 불과 3,000~4,000만 원 정도의 소액으로도 얼마든지 투자가 가능하다.

다시 본론으로 돌아와보자. 해당 물건의 조합원 분양 가격은 2억 5,960만 원으로, 주변 평균 시세인 3억 3,000만 원과 비교하면 7,000여 만 원의 차익을 기대할 수 있다. 여기서 프리미엄 2,000만 원을 제외하더라도 처음부터 5,000만 원의 수익을 올리고 시작하는 셈이다. 이렇듯 재개발 투자는 '사면서 수익을 낼 수 있는 구조'이기 때문에 투자자에게 있어서는 매우 훌륭한 선택지 중 하나다. 그뿐만이 아니다. 이후 재개발이 완료되고서 해당 아파트가 일반 분양을 시작할 때 또다시 프리미엄이 형성될 수 있다. 재개발을 기폭제로 주변 지역의 부동산이 활성화될 가능성이 높기 때문에 추가로 아파트의 시세 상승을 기대할 수 있는 것이다. 한마디로 제2, 제3의 추가 수익이 실현될 확률이 크다는 의미다.

필자의 이러한 선택은 재개발·재건축에 대한 인식이 덜한 지역에 선진입을 하겠다는 기준에 따른 것이다. 예컨대 서울의 재개발 지역 투자가 대박이라는 것은 누구나 알고 있지만, 다른 지역에서는 재개발에 대한 인식이 아직 부족할 수도 있다. 즉, 재개발·재건축 사업이 진행되는 해당 지역의 부동산 시장 흐름을 파악하고, 재개발·재건축에 대한 기대 심리가 적어 아직 프리미엄이 높게 형성되지 않은 관리 처분 인가 물건을 사는 것이 수익성과 안정성 모두를 잡을 수 있는 방법이다.

한 발짝 더 나가보자. 부동산 투자는 매도가 이루어졌을 때 완성된다. 재개발·재건축 투자 역시 마찬가지다. 그렇다면 재개발·재건축 물건의 매도 타이밍은 언제가 좋을까? 아래의 내용을 보자.

재개발·재건축 물건(입주권)의 매도 타이밍은?

▲ 일반 분양 시
  – 사업 주체 측에서 모델하우스도 짓고, 일반 분양 홍보도 대대적으로 하기 때문에 관심이 높아진다. 이때 가격이 상승한다. 즉, 이때 매도하면 재개발도 곧 단기 투자가 되는 것이다.

▲ 완공 후 입주 시
  – 실거주자들의 관심이 가장 높은 시기로, 가격 상승의 여지가 많다.

▲ 입주 후 전세 한 바퀴 시(2년 후)
  – 투자 수익이 극대화되는 시기로, 지역 부동산 시장에 상승 여력이 있다고 판단될 경우 2년 정도 후에 매도하면 수익률을 극대화할 수 있다.

재개발·재건축 물건의 매도 타이밍은 크게 3가지로 나눌 수 있다.

첫 번째는 단기 투자를 목적으로 했을 때로, 일반 분양이 시작되는 시기에 매도를 하는 것이다. 사업자 측에서 모델하우스를 비롯한 각종 홍보활동을 병행하기 때문에 사람들의 관심이 높아지고 결국 가격 상승으로 연결되는 까닭이다. 단, 단기 투자인 탓에 아주 높은 수익률을 기대할 수는 없다. 참고로 입주권은 매입 후 1년이 넘으면 일반 과세가 부과되기 때문에 재개발은 매도 타이밍이 다소 짧아도 괜찮다. 물론 더 많은 수익을 위해서라면 투자 기간을 길게 가져가도 무방하지만, 다른 투자처가 있다면 지금까지의 수익으로 재투자를 하는 것도 좋은 선택이다.

두 번째는 실질적인 입주가 시작되었을 때다. 사람들은 건물이 지어진 것을 직접 확인하게 되면 '견물생심'이라는 말마따나 욕심을 갖게 마련이다. 특히 실거주자의 관심이 가장 높은 시기이기 때문에 가격 상승의 여지가 많다. 단, 입주권도 중도금 대출이 필요한 단지가 있기 때문에 이 부분도 확인해야 한다. 물론 사업성이 좋은 단지는 중도금 대출이 없는 경우도 있다. 이 방식의 투자는 입주권 계약금이 있을 시 자금이 조금 더 들 수도 있다.

세 번째는 전세를 한 번 거치고 2년 후에 매도하는 것이다. 결론적으로 이 시기에는 투자 수익이 극대화되는 경우가 많다. 주변 시세보다 낮게 분양된 물건이 시간이 지나면서 이를 따라잡거나 역전하게 되는 까닭이다. 해당 지역의 부동산 시장에 아직 상승 여력이 있다고 판단되고, 자금 유동성이 확보되었다면 2년 정도 전세를 돌린 후 매도하는 것이 좋다. 단, 해당 지역에 입주량이 많다면 전세 가격이 낮게 책정될 수 있으므로 어느 정도 여유자금을 가지고 있어야 한다.

재개발·재건축 투자는 결코 도깨비방망이가 아니다. 많은 사람들이 갖고 있는 재개발·재건축에 대한 환상은 그야말로 환상에 불과할 뿐, 정작 내 손에 쥐기는 매우 힘들다.

'틈새시장'을 잡아라. 앞서 이야기했던 응암 4구역의 재개발도 당시에는 주목받지 않았지만 결국 수억 원의 수익을 안겨준 효자 상품이 되었다. 굳이 가지 않아도 될 가시밭길을 선택하지 말자. 투자자라면 좀 더 쉽고 안정적인 길을 찾는 눈을 가져야 한다. 서울이라는 전쟁터에서 벗어나 쾌적한 다른 지역에서 내 입맛에 맞는 투자처를 찾아볼 것을 권한다.

지역주택조합, '쳐다보지도 마라'

차를 타고 도로를 달리다 보면 종종 '평당 900만 원에 서울 한복판 내 집 마련', '1억 원에 오피스텔 3채 분양'과 같은 솔깃한 문구가 적힌 현수막을 볼 수 있다. 이 같은 문구에 홀려 전화를 걸면

"지금 재개발과 재건축을 진행하고 있다"는 말과 함께 강력하게 투자를 권한다. '지역주택조합'이란 말은 쏙 빼놓고 말이다.

지역주택조합은 6개월 이상 일정 지역에 거주한 무주택자나 전용 면적 85㎡ 이하의 소형 주택 소유자들이 조합을 구성해 주택을 짓는 사업이다. 지역주택조합의 설립을 위해서는 해당 주택 건설 대지의 80% 이상에 해당하는 면적의 토지 사용 승낙서를 비롯해 창립총회의 회의록, 조합장 선출 동의서, 조합원 명부, 사업계획서 등을 첨부해 주택조합의 주택 건설 대지를 관할하는 시장·군수·구청장에게 제출해야 한다. 특히 지역주택조합에 해당되려면 무주택자나 소형 1주택자여야 하기 때문에 다른 투자가 불가능하다. 또한 사업 추진 과정이 복잡하고, 무엇보다 대지의 95% 이상을 매입할 확률이 매우 낮은 탓에 투자로서는 최악의 조건, 아니 고려의 대상이 아니라고 할 수 있다. 지역주택단지의 토지 95% 이상의 소유권을 조합이 가지고 있어야 사업 계획 승인을 신청할 수 있기 때문이다.

이쯤에서 결론부터 말하겠다.

'성공 확률이 3%에 불과한 지역주택조합은 쳐다보지도 말 것.'

'무주택 서민을 위한 내 집 마련'이라는 당초의 목적과 달리 지역주택조합은 일부 세력들의 부정한 수익 창출 창구로 이용되는 경우가 많다. 아무것도 없는 '맨땅'에서 일단 조합원을 모집한 후 가입자들이 내는 돈으로 토지를 매입하고 자신들의 월급을 받아가는 식이다. 무엇보다 사업이 실패하더라도 모집원들은 아무런 법적 책임을 지지 않는다. 반면 가입자들은 자신들이 낸 돈을 통째로 날릴 수도 있는 위기가 항상 도사리고 있다. 쉽게 말해 '성공 확률 3%의 도박판에 돈을 베팅하는 격'이다.

물론 지역주택조합이 성공하는 경우도 가끔 있다. 하지만 비록 성공한다고 해도 그들이 선전하는 것처럼 아주 저렴하게 내 집 마련을 하지는 못한다. 사업 시행 단계에서 '조합원 분담금'이 점점 올라가 결국 자금이 늘어나는 경우가 허다한 탓이다.

4년 전, 대구 범어네거리의 요지에 지역주택조합이 생긴 적이 있다. 첫 투자금으로 2억 원 이상이 들어간 해당 사업은 수년 동안 제자리걸음을 반복했다. 심지어 사업이 본격적으로 재개된다고 하더라도 추가 분담금이 2억 원가량 더 들어갈 거라는 예측이 있을 정도였다. 수익은 고사하고 심각할 경우 사업 자체가 무산될 수도 있다는 위기감이 팽배해 분위기가 무척 좋지 않았다.

필자 역시 수년 전, 지역주택조합의 환상에 취해 투자를 했다가 몇 년간 고생했던 기억이 있다. 사업 단지 토지를 100% 매입한 물건이어서 안전성이 보장될 거라는 생각에 투자를 결정했음에도 불구하고 수년 후 받아든 수익은 말 그대로 '쥐꼬리'에 불과했다. 다시는 지역주택조합에 눈길조차 주지 않기로 다짐한 계기가 되었다.

"세상에 공짜는 없다"는 말처럼 아무런 노력과 리스크 없이 좋은 아파트를 싸게 살 수 있는 방법은 없다. 귀에 단 말이 몸에는 쓴 것처럼 그럴듯한 광고 문구에 현혹되지 말아야 할 것이다. "혹시 지역주택조합인가요?"라는 질문에 "그렇다"라고 한다면 뒤도 돌아보지 말고 전화를 끊거나 자리를 박차고 나가라.

1. 재개발 투자 시 필수 확인 항목

▲ 시공사가 어디인가?

- 아파트 브랜드에 따라 프리미엄이 달라진다. "나, 래미안 산다"처럼 최근에는 브랜드 가치에 의해 아파트 가격이 형성되는 경우가 많기 때문이다.

▲ 시행 단계가 어디쯤 왔나?

- 매우 중요하다. 정확한 시행 단계를 알아야 완공 시점과 그에 따른 리스크를 체크할 수 있다.

▲ 비례율이 얼마인가?

- 비례율은 권리 가격 확정에 영향을 준다. 비례율이 높을수록 내 재산의 가치가 올라가기 때문이다.

▲ 이주 촉진비(이사비), 얼마나 주는가?

- 이주 촉진비(이사비)를 많이 준다는 것은 사업성이 그만큼 좋다는 것을 의미한다. 무려 2,000만 원의 이주 촉진비(이사비)를 주는 단지도 있었다. 이주 촉진비(이사비)는 어느 기간 내에 이주를 해야만 지급하는 비용

으로, 조합원이 이주를 빨리 하게 하는 용도로 이용된다.

▲ 이주비는 얼마나 나오나?

– 이주비는 투자금에 큰 영향을 준다. 이주비는 보통 무이자로 60% 나오는데, 유이자로 10% 더 나오는 곳도 있다. 서울의 경우 40%까지 나오는 곳도 있다. 이주비를 많이 받아야 투자금이 적게 들기 때문에 반드시 확인해야 한다.

▲ 조합원 분양가는 얼마인가?

– 조합원 분양가가 낮다면 주변 시세 대비 수익을 올릴 수 있다. 즉, 조합원 분양가가 낮을수록 내 수익은 커지는 셈이다.

▲ 일반 분양가는 얼마인가?

– 일반 분양가가 높아질 가능성이 커야 좋다. 일반 분양가가 올라가 조합의 수익이 올라가면 비례율이 높아지게 된다. 대구 남산동의 경우 비례율이 무려 20%까지 올라간 적도 있다.

▲ 분양 면적 세대수는 어떻게 되나?

– 분양 면적 세대수를 꼼꼼히 확인한 후 '희소성이 있는 평형'을 선택하는 게 좋다. 예컨대 대형 아파트의 세대수가 적다면 희소성이 있는 것이다. 이러한 희소성에는 별도의 프리미엄이 붙는다. 최근 희소성이 부각되는 대형 평수를 선택한다면 그에 따른 높은 수익을 기대할 수 있을 것이다.

▲ 인근 새 아파트의 시세는 얼마인가?

– 인근 시세가 '제일' 중요하다. 심지어 조합원 분양가나 일반 분양가보다 더 중요한 요소다. 재개발 물건의 최종 가격은 인근 새 아파트 시세에 이른바 '키 맞추기'를 하기 때문에 반드시 확인해야 한다.

▲ 감정가와 프리미엄이 얼마인가?

– 감정가와 프리미엄을 알게 되면 실투자금을 계산할 수 있다. 보통 감정가와 프리미엄은 반비례하는 경우가 많다.

▲ 조합원 혜택은 무엇인가?

– 조합원 혜택은 대체로 비슷하다. 단, 발코니 확장비에 대한 조합원 부담 여부는 꼭 확인해야 한다.

끝으로 해당 지역에 위치한 비슷한 조건의 아파트 단지를 체크해야 한다. 결국 인근 아파트의 시세가 재개발 입주권 가격의 기준점이 되기 때문이다.

2. 재개발 투자 시 '이런 물건이 좋다'

▲ 감정가가 저렴한 것을 선택하자

– 감정가가 저렴한 물건에 이주비까지 받는다면 실투자금이 적게 들어간다. 또한 추후 비례율이 하향된다고 해도 리스크가 줄어든다.

▲ 비례율이 큰 곳을 선택하자

– 비례율이 크다는 것은 그만큼 사업성이 좋다는 의미로, 높은 권리가액을 기대할 수 있다.

▲ 일반 분양가보다 인근 시세가 높은 곳을 선택하자

– 인근 시세가 높다는 것은 일반 분양 후 프리미엄이 붙을 가능성이 크다는 의미다. 즉, 그 시세만큼의 수익을 낼 수 있다.

▲ 재개발 지역이 대세 상승장인 곳을 선택하자

– 해당 지역의 인근 아파트가 상승세에 있다면 앞으로 새 아파트가 들어설 재건축물의 가격은 이를 훌쩍 뛰어넘을 가능성이 크다.

▲ 조합원 혜택이 높은 곳을 선택하자

– 조합원 혜택이 높다는 것은 사업성이 뛰어나다는 방증이다. 이사비를

많이 준다거나 확장을 무료로 해주는 등 조합원 혜택을 꼼꼼하게 챙겨 보자.

3. 재개발 투자처 찾는 요령

▲ 클린업시스템(http://cleanup.seoul.go.kr)

– 서울 재개발·재건축에 대한 진행 상황을 모두 게시해준다.

▲ 하우징헤럴드(www.housingherald.co.kr)과 아유경제(http://www.areyou.co.kr)

– 재개발 전문 신문사로서 해당 지역의 추진 상황을 기사화해준다.

▲ (사)주거환경연구원(www.reikorea.org)

– 도시정비사업에 대한 법률과 추진 방향을 제시해준다.

▲ 각 광역시청

– 해당 시의 재개발·재건축 진행 상황이 정리된 파일을 공시해준다.

재개발,
길게 투자한다고 능사는 아니다

필자는 지난 2010년, 대구 황금동 재개발 지역의 주택을 경매로 매입했다. 해당 지역이 재개발 지역으로 추진되다가 조합만 설립되고 지지부진하게 진행되던 상황(조정 기간)에서 잽싸게 주택을 경매로 잡았던 것이다. 나름대로 저렴하게 좋은 물건을 매입했다는 기쁨도 잠시, 재개발 투자 타이밍을 제대로 몰랐던 상황에서 그저 길게 보자는 생각으로 진행했던 투자는 결국 필자의 발목을 잡았다.

일단 40년이 넘은 주택인 터라 수리비가 꽤 많이 들었다. 또한 매입 후 4년 동안 물건을 보유하고 있었지만 사업 진행은 지지부진했다. 그사이 수많은 투자 기회를 놓쳤다. 견디다 못한 필자는 결국 4년 뒤 수익을 내지 못하고 매도를 해버렸다.

해당 재개발 사업은 아직도 진행이 되지 않고 있다.

많은 사람들이 재개발 투자를 장기적인 관점에서 접근한다. 물론 어느 정도 공감이 가는 이야기다. 하지만 필자의 사례처럼 자칫 재개발 투자에 매몰되어 또 다른 투자 기회를 놓칠 수도 있다는 사실을 명심해야 한다. 길게 투자한다고 능사는 아니다.

3

When?

**인생만 타이밍이냐,
부동산 투자야말로 타이밍이다**

· 알아두면 쓸데 많은 내 집 마련 백과 ·

———

· 경매보다 좋은 급매, 급매보다
좋은 대세 상승장 ·

———

· '천기누설', 나눔부자의
매수·매도 타이밍 대공개 ·

"인생은 타이밍이다"라는 말처럼 부동산 투자 역시 타이밍이 매우 중요하다. 부동산 투자 수익을 결정짓는 핵심 요소는 바로 매수와 매도 타이밍이라고 해도 과언이 아니다. 언제 부동산을 매수하고, 또 언제 부동산을 매도해야 가장 큰 수익을 얻을 수 있을까? 나눔부자가 알고 있는 최적의 매수·매도 타이밍을 공개한다.

알아두면 쓸데 많은 내 집 마련 백과 📍

아 파 트 ,   돈 만   있 다 고   살   수   있 는   게   아 니 다

내 집 마련, 최적의 시기는?

"내 집 마련의 최적기는 언제인가요?"

부동산 투자를 시작한 후 필자가 가장 많이 받는 질문이다. 10년 이상 부동산 투자 공부를 하고, 실제 투자 경험을 바탕으로 세운 필자의 부동산 철학을 관통하는 답은 간단하다.

"바로 지금."

대한민국은 전 세계적으로 보기 드문 주거문화를 갖고 있다. 우리나라는 서울과 수도권에 인구의 절반가량이 빼곡히 모여 있고, 그중 대다수는 아파트에 산다. 그렇지 않아도 좁은 땅덩이 한쪽에 수많은 사람들이 모여든 까닭에 세계에서도 손꼽히는 인구

밀도를 자랑하게 된 서울과 수도권을 중심으로 아파트가 속속 들어서 있다. 세계 어느 나라도 우리나라만큼 아파트가 많은 곳은 없다. 소위 말하는 도시민들에게 '주거지=아파트'라는 공식이 성립된 배경이다.

우리나라의 부동산 시장은 크게 토지와 아파트로 나눌 수 있다. 이 중 토지는 '조물주 위에 건물주, 건물주 위에 지주'라는 말처럼 부동산 투자의 끝판왕과 같은 느낌이다. 실제로 실감하기에는 아직 갈 길이 먼 분야다. 반면 아파트는 우리의 삶과 아주 밀접한 관련이 있다. 아니, 우리 삶의 토지와 같다고 표현해도 무방하다. 우리가 삶을 살아가기 위한 필수 3요소, 즉 의·식·주 중 하나인 주거지가 곧 아파트나 마찬가지이기 때문이다.

아파트 매매 지수

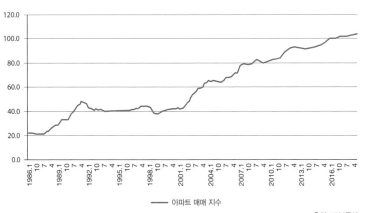

출처: KB부동산

앞서 말한 것처럼 내 집 마련의 최적기는 바로 지금이다. 통계청의 자료를 보면 지난 30년 동안 우리나라의 아파트 가격은 꾸준히 우상향 되어온 것을 확인할 수 있다. 물론 아파트 시세가 30년간 단 한 번의 하락도 없이 무조건적으로 상승하기만 한 것은 아니다. 세부적으로 살펴보면 각종 정부 규제와 아파트 시장의 변동에 따라 잠시 상승폭이 주춤하거나 약간 하락한 경우는 얼마든지 찾을 수 있다.

여기까지 말하면 어김없이 또 질문이 날아든다. 두 번째로 많이 받는 질문, "그럼 아파트 가격은 언제 다시 최저점을 찍을까요?"

필자도 모른다. 아파트의 현 시세가 앞으로 다시 오지 않을 최저점인지, 아니면 대세 상승장의 초입인지는 그 누구도 단언할 수 없다. 만약 누군가 당신에게 "세 달 후면 아파트 가격이 폭락할 겁니다"라고 이야기한다면 뒤도 돌아보지 말고 자리를 박차고 일어나라. 이는 '하락론자의 허위 주장'일 따름이다. 필자를 포함한 그 어떤 부동산 전문가도 아파트 시세의 대략적인 흐름만 예측할 뿐, 결코 특정 시점이나 가격을 정확히 예측하지는 못한다. 필자가 '바로 지금' 내 집 마련을 하라고 한 것 역시 다양한 이유로 인해 아파트 가격이 일시적으로 조정을 받을 수는 있을지언정 결국 다시 상승하는 그간의 통계를 바탕으로 조금이라도 더 빨리 내 집을 마련하라는 의미다.

물론 이러한 질문을 하는 이들의 심리도 충분히 공감한다. 몇만 원짜리 물건을 사더라도 '최저가'를 검색하는 게 일반화된 요즘, 수억 원을 호가하는 내 집을 마련하는데 조금이라도 저렴하게 매입하기를 원하는 것은 인지상정이다.

우리나라에서 경제활동을 하는 인구 중 절반은 집이 없다고 한다. '빚(대출)에 대한 부담이 크거나, 가격 하락이 우려되거나, 나중에 아이가 생기면 더 큰 집으로 이사할 계획이거나, 자가보다는 전세로 살면서 집값 하락 걱정을 안 하고 싶어서' 등 여러 이유가 있다. 하지만 필자는 이러한 의견에 결코 동조하지 않는다. 안정적인 주거지는 안정적인 삶을 보장해준다. 전세의 경우 아무리 좋은 집에 살더라도 계약 만기나 집주인의 변심과 같은 각양각색의 이유로 언제든 내쫓길 수 있는 까닭이다.

보다 현실적인 측면에서 보자. 필자가 이전 책《부자가 된 짠돌이》에서도 밝혔듯 우리나라 서울 시내 아파트의 지난 10년간 시세 변동을 살펴보면 1년 평균 2,260만 원이 오른 것으로 나타났다. 만약 전세 거주를 선택한 경우라면 매년 2,260만 원의 시세 상승과는 무관할 뿐만 아니라 2년마다 돌아오는 계약 갱신 시에 전세금을 올려줘야 하는 부담감에 시달릴 것이다.

물론 무작정 많은 빚을 내라는 것은 아니다. 하지만 몇 십만 원의 이자가 아까워 소위 말하는 '전세 난민'의 길을 선택한다면 내 가족이 안정적인 삶과는 영영 멀어질 수 있다는 사실을 기억해야 한다. 다시 한 번 자신 있게 말한다. 내 집 마련의 최적기가 언제다? 바로 지금이다.

부동산 매매, 숫자 '6'과 '9'를 기억하라

부동산 역시 돈을 주고 사는 '상품' 중 하나이지만 구매 과정은 퍽 복잡하다. 시장에서 고기나 생선, 과일 등을 구입하는 것과는 달리 '등기'라는 절차를 마쳐야 비로소 국가로부터 집에 대한 권리를 인정받기 때문이다. 국가에 매입 사실을 신고함으로써 권리를 획득하는 등기는 필연적으로 비용이 발생한다. 수억 원짜리 집을 사는 데 어느 정도의 부대 비용은 당연하게 여길 수 있지만, 그 비용이 수천만 원을 넘나든다면 이야기가 달라진다. 단돈 1원에 의해 최대 수천만 원까지 차이가 벌어지는 부대 비용의 비밀, 모르면 그저 당할 수밖에 없다.

취득세

가장 먼저 살펴볼 부분은 절대 피할 수 없는 '취득세'다. 설명에 앞서 일목요연하게 정리된 다음의 표를 보면 취득세에 대한 내용을 쉽게 이해할 수 있다.

부동산 취득세 세율표

취득 원인	구 분			취득세	지방 교육세	농특세	합계 세율
유상 취득 (매매, 경매, 공매 등)	주택	6억 원 이하	85㎡ 이하	1.0%	0.1%	비과세	1.10%
			85㎡ 초과	1.0%	0.1%	0.2%	1.30%
		6억 원 초과~ 9억 원 이하	85㎡ 이하	2.0%	0.2%	비과세	2.20%
			85㎡ 초과	2.0%	0.2%	0.2%	2.40%
		9억 원 초과	85㎡ 이하	3.0%	0.3%	비과세	3.30%
			85㎡ 초과	3.0%	0.3%	0.2%	3.50%
	농지/주택 외 상가, 오피스텔, 토지 등			4.0%	0.4%	0.2%	4.60%
	농지(전, 답, 과수원, 목장 용지 등)	매매 취득(신규)		3.0%	0.2%	0.2%	3.40%
		2년 이상 자격		1.5%	0.1%	비과세	1.60%
상속	농지(전, 답, 과수원, 목장 용지 등)	일반		2.3%	0.06%	0.2%	2.56%
		2년 이상 자격		0.3%	0.06%	비과세	0.36%
	농지 외			2.8%	0.16%	0.2%	3.16%
	1가구 1주택			0.8%	0.16%	비과세	0.96%
무상 취득 (증여)	일반			3.5%	0.3%	0.2%	4.00%
	전용 면적 85㎡ 이하 주택			3.5%	0.3%	비과세	3.80%
원시 취득 (신축, 증축) 보존	주택	85㎡ 이하		2.8%	0.16%	비과세	2.96%
		85㎡ 초과		2.8%	0.16%	0.2%	3.16%
	주택 외 건축물			2.8%	0.16%	0.2%	3.16%

출처: 한국공인중개사협회

여기서 우리가 주목해야 하는 숫자는 바로 '6'과 '9'다. 6억 원을 초과하느냐, 9억 원을 초과하느냐에 따라 취등록세가 확연하게 차이 나기 때문이다. 참고로 아파트 크기가 85㎡를 초과하면

농어촌특별세 0.2%가 추가로 부과된다.

세 사람이 각각 A아파트(4억 원), B아파트(7억 원), C아파트(10억 원)를 매입했다고 가정해보자. 크기는 모두 $85m^2$ 이하로 동일하다. 계산을 해보면 각각 다음과 같은 계산이 나온다.

- A아파트: 400,000,000×0.011=440만 원
- B아파트: 700,000,000×0.022=1,540만 원
- C아파트: 1,000,000,000×0.033=3,300만 원

이번에는 좀 더 극적인 예를 들어보자. D와 E가 같은 아파트, 같은 크기의 집을 매입했는데 D는 9억 원에, E는 9억 100만 원에 계약했다면 9억 원에 집을 산 D가 납부해야 하는 총 금액은 1,980만 원인 데 반해, 이보다 겨우 100만 원을 더 주고 집을 산 E는 2,973만 3,000원의 세금을 납부해야 한다. 결국 E는 D보다 무려 1,100만 원의 웃돈을 더 주고 아파트를 매입한 셈이다.

물론 현실에서 이런 억지 춘향 격인 사례는 드물다. 하지만 500~1,000만 원 정도의 차이로 수백만 원 이상의 세금을 더 납부해야 하는 경우는 제법 많이 발생한다. 매매가 6억 1,000만 원, 9억 500만 원과 같이 숫자 6과 9를 아슬아슬하게 넘는 물건은 생각보다 흔하다.

이럴 때 필요한 것이 바로 '협상의 기술'이다. 9억 500만 원의

물건에서 500만 원을 깎는다는 것은 결국 세금 1,000만 원까지 포함해 1,500만 원의 자금을 아낄 수 있다는 의미다. 이것이 바로 '다운계약서'가 작성되는 이유다. 하지만 이러한 불법 행위는 생각조차 하지 말아야 한다. 적발 시 자칫 소탐대실의 결과를 불러올 수 있기 때문이다. 가장 좋은 절세법은 '근면 성실한 납부'임을 기억해야 한다.

자, 곰곰이 생각해보자. 당신이 아파트를 매입할 수 있는 것은 해당 물건이 시장에 나와 있기 때문이다. 즉 '판매 희망자'가 존재하는 것이다. 세상 누구도 소위 말하는 '간을 보기 위해서' 아파트를 부동산 중개소에 내놓지는 않는다. 결국 어떤 이유가 있든 실제 매도를 희망한다는 뜻이다. 실매수자가 나타난다면 어느 정도 양보를 기대할 수 있으리라는 판단의 근거가 된다.

실제로 필자는 100여 건에 달하는 부동산 거래를 체결하던 중 이러한 일을 꽤 많이 겪었다. 매도자에 따라 표현 방식은 달랐지만 결론은 오직 하나, '좀 깎아줘'였다. '집이 많이 낡아서 도배·장판을 새로 해야 한다', '화장실을 대대적으로 공사해야 한다' 등 각양각색의 이유로 가격 조율을 요구했다. 물론 실제로 물건을 둘러보고서 소위 '트집거리'를 확실하게 확인한 후 제시한 의견이다. 성공률은 꽤 높았다. 매도자로서도 합리적인 이유인 터라 별다른 반론을 제기하지 못했다. 꼼꼼한 사전 준비(임장)와 철저한 논리로 아파트 값은 물론 세금까지 절약하는 1석2조의 효과를 누린 셈이다.

물론 매도자 입장에서는 수백만 원씩 가격 조율을 하면 상당히 속이 쓰릴 것이다. 하지만 당장 매도를 마치고 다음 행보를 준비해야 하는 매도자로서는 어느 정도의 손실을 감수할 수밖에 없다. "세상에 에누리 없는 장사가 어딨어"라는 어느 유행가 가사처럼 부동산 매매 시에도 노련한 협상의 기술이 필요하다.

단, 아무 때나 이 같은 일이 가능한 것은 아니다. 시장에 매수자가 넘쳐 이른바 '매도자 우위 시장'이 형성된 경우라면 분위기상 할인의 '할' 자도 꺼내기 힘들다. 매도자의 선택지가 많으면 매수자의 요청이 묵살되는 것은 당연한 이치다. 때문에 부동산 시장의 흐름을 파악해 매수자 우위 시장에서 내 집 마련에 나선다면 좀 더 싸게 아파트를 매입할 수 있을 것이다. 필자 역시 이러한 매수자 우위 시장에서 매입을 시도한 경우 협상이 더욱 원활하게 이루어졌던 기억이 있다.

부동산 중개수수료

부동산 매매 과정에서 문제가 가장 많이 발생하는 부분은 바로 부동산 중개 수수료다. 매매 수수료는 월세나 전세와 달리 가격이 정확히 정해진 '정찰제'가 아닌 까닭에 종종 법적 절차에 들어갈 때도 있을 만큼 문제가 자주 발생한다. 다음의 표를 한번 보자.

중개 수수료에서도 핵심은 역시 '6'과 '9'다. 하지만 취득세와는 차이가 있다. 취득세(지방교육세 포함)가 6억 원 이하(1.1%), 6억

부동산 중개수수료

거래 내용	거래 금액	상한 요율	한도액	중개 보수 요율 결정	거래 금액 산정
매매, 교환	5천만 원 미만	1,000분의 6	25만 원	중개 보수는 거래 금액 X ( ) 상한 요율 이내에서 결정	매매: 매매가격 교환: 교환 대상 중 가격이 큰 중개 대상물 가격
	5천만 원 이상 ~2억 원 미만	1,000분의 5	80만 원		
	2억 원 이상 ~6억 원 미만	1,000분의 4	없음		
	6억 원 이상 ~9억 원 미만	1,000분의 5	없음		
	9억 원 이상	1,000분의 ( ) 이내		상한 요율 1천 분의 9 이내에서 서로 협의	
임대차 (매매, 교환 이외)	5천만 원 미만	1,000분의 5	20만 원	중개 보수는 거래 금액 X ( ) 상한 요율 이내에서 결정	전세: 전세금 월세: 보증금 +(월차임액 ×100). 단, 이때 계산된 금액이 5천 만원 미만일 경우: 보증금+(월차임액 ×70)
	5천만 원 이상 ~1억 원 미만	1,000분의 4	30만 원		
	1억 원 이상 ~3억 원 미만	1,000분의 3	없음		
	3억 원 이상 ~6억 원 미만	1,000분의 4	없음		
	6억 원 이상	1,000분의 ( ) 이내		상한 요율 1,000분의 8 이내에서 서로 협의	

＊부동산 중개수수료는 지자체마다 다를 수 있음.

원 초과~9억 원 이하(2.2%), 9억 원 초과(3.3%)로 나뉘는 반면, 중개 수수료는 6억 원 미만(0.4%), 6억 원 이상~9억 원 미만(0.5%),

9억 원 초과(0.9% 이내 협의)로 분류된다. 만약 매매가가 정확하게 6억 원 혹은 9억 원이라면 취등록세는 앞의 두 구간인 1.1%와 2.2%의 적용을 받지만, 중개 수수료는 뒤의 두 구간에 해당하는 것이다.

이해를 돕기 위해 최근 필자의 지인이 겪은 경험을 예로 들어 보겠다. 필자의 지인은 최근 서울에서 $85m^2$ 이하의 아파트를 매입했다. 결론적으로 그는 처음 제시된 가격인 9억 원에서 500만 원을 깎은 8억 9,500만 원에 매입했다. 이외에도 취등록세 1,969만 원과 별도의 부동산 수수료가 부과되었다.

해당 물건의 처음 가격은 9억 원이었다. 법으로 정해진 취등록세의 경우 어쩔 수 없지만, '상한 요율 1,000분의 9 이내에서 서로 협의'라고 명시된 부동산 수수료가 문제였다. 9억 원을 기준으로 매매를 조율하는 과정에서 중개소는 810만 원의 수수료를 요구했다. 상한 요율의 꼭지까지 적용한 것이다. 이에 지인은 "너무 과하다"며 500만 원 정도를 제안했지만 중개소는 재차 "단독 물건이라 상한 요율을 모두 적용해야겠다"고 맞섰다. 그는 필자에게 "물건이 너무 마음에 드는데 중개인이 매도인과 가격을 협상해달라는 말조차 무시한다"고 말했다.

우리가 수백만 원의 수수료를 물면서 중개소를 이용하는 이유는 행정적인 절차의 대행은 물론, 매도인과의 소통 창구 역할을 기대하기 때문이다. 매도인에게 일정 수준의 에누리를 대신 요청해주는 것은 부동산 중개소의 당연한 역할이다. 하지만 9억 원에서 1원이라도 깎일 경우 자신들이 받는 수수료가 810만 원에서 450만 원으로 내려갈 것을 우려해 매수인의 요청을 무시한 것이었다.

이후 지인은 필자의 조언에 따라 매도인과의 직접적인 협상에 들어갔고, 결국 도배·장판 및 화장실 수리 등 다양한 이유로 500만 원의 가격 조정을 이루어냈다. 물론 중개 수수료는 8억 9,500만 원의 0.5%인 447만 5,000원만 지불했다. 지인 덕분에 매도인 역시 중개 수수료를 350만 원 이상 아끼게 되었으니 결국 150만 원 정도의 손해만 감수한 셈이다. 어떤가? 모르면 당할 수밖에 없고, 알아도 실행에 옮기지 않으면 소위 '호갱'이 되기 쉽다. "아는 게 힘이다"라는 케케묵은 속담은 부동산에서도 유효하다.

분명히 말하지만 필자가 부동산 중개소의 노력을 폄하하려는 의도는 결코 아니다. 하지만 수백만 원의 수수료를 내는 고객, 즉 매수인(매도인 포함)의 정당한 요청까지 무시하며 오직 자신의 수익만 취하려는 행동은 직업윤리에도 어긋나는, 아주 좋지 않은 선택이다. 물론 매도인과 매수인 역시 수수료에 대한 정확한 기준을 숙지하고, 중개소의 노력에 상응하는 정당한 대가를 지불해야 한다. 무조건 깎으려고만 하는 행동 또한 옳지 못하다.

많은 사람들이 투명한 정보 공개와 상호 존중을 기본으로 하는 협상으로 기분 좋게 내 집 마련에 성공하길 바라본다.

내 집 마련, 'RR'이 중요하다?

부동산에 관심이 있는 사람이라면 로얄동·로얄호, 이른바 'RR'이란 단어를 들어봤을 터다. 쉽게 말해 여러 아파트 중에서 가장 선호도가 높은 조건을 가진 물건을 RR이라고 표현한다.

"아파트는 좀 비싸도 꼭 RR을 매입해야 하나요?"

결론부터 말하면 실거주자의 입장에서는 다소 무리를 하더라도 RR의 매입을 추천한다. 반면 투자자의 경우 굳이 그러한 조건에 구애받을 필요는 없다.

한 가지 예를 들어보자. 결혼을 앞둔 필자의 지인은 올해 초, 내 집 마련을 위해 다양한 지역의 물건을 살펴봤다. 최종적으로 점찍은 아파트는 서울 서대문구의 모 재개발 단지로, 그는 30층의 아파트 중 8억 5,000만 원인 5층 물건과 RR로 분류되는 8억 9,500만 원인 25층 물건을 놓고 장고에 빠졌다. 필자는 그에게 "조금 무리를 해서라도 RR을 구입하는 게 좋다"는 의견을 전했다. 5층 물건에 비해 햇볕이 잘 들고 층수도 높아 많은 사람들이 선호하는 조건이었던 까닭이다. 또한 지금 당장은 4,000~5,000만 원의 차이가 커 보이겠지만, 수년 뒤 아파트의 가치가 정점을 찍는 시기가 오면 그 차이는 1~1억 5,000만 원까지 벌어질 수 있다고 판단했다. 실제로 대부분의 서울 지역 아파트에서 RR과 저층 혹은 탑(꼭대기)층의 가격 차이가 억 단위를 보이는 경우가 많다.

반면 투자자의 입장에서는 오히려 저층이나 탑층 등 RR에 비해 가격이 저렴한 물건에 관심을 갖는 게 좋다. 급매나 1층, 탑층은 RR에 비해 10%가량 가격이 낮은 경우가 많다. RR 기준으로 시세 3억 원인 아파트의 1층이나 탑층, 급매물은 2억 7,000만 원인 식이다. 하지만 매매가에 비해 전세금은 그다지 차이가 없다. 쉽게 말해 RR의 전세금이 2억 5,000만 원이라면 1층이나 탑층의 전세금 역시 이와 대동소이하다는 것이다. 때문에 자금이 부족한 투자자는 실투자금이 줄어드는 효과를 기대할 수 있다. 역발상으로 인한 소액 투자 방식이다. 물론 RR에 비해 시세 상승은 다소 완만하게 이루어질 가능성이 높으며, 해당 지역이 대세 상승장에 들어섰다는 확신이 있어야 할 것이다.

사실 '좋은 아파트'의 기준은 사람마다 모두 다르다. 어떤 이는 전망이 확 트인 높은 층을 선호하는 반면, 어르신들의 경우 상대적으로 낮은 층에 살고 싶어 한다. 아이들이 한창 커가는 가정은 아예 1층을 찾아다니기도 한다. 결국 RR은 개별 특성에 따라 달라지는 것이다. 다만 대다수의 사람들이 선호하는 남향과 고층, 도로에서 한 발 떨어진 중심지 위치 등의 RR 물건은 향후 높은 시세 상승을 기대할 수 있다는 장점이 있다.

부동산 투자 최고의 파트너, 부동산 중개소를 공략하라

부동산 중개소는 어느 동네에서나 흔히 볼 수 있다. 하지만 부동산 중개소를 방문하는 일은 어쩐지 어색하고 어려운 일로 느껴지기 마련이다. 부동산 중개소는 수억 원에 달하는 부동산을 중개히는 것을 주 업무로 하는 곳이다. 그래서인지 많은 사람들이 자신도 모르게 '부동산에 들어가면 무조건 매입해야 할 것 같은 느낌'을 받곤 한다.

중국에서는 중개인이 물건을 하나 보여줄 때마다 일정액의 수고비를 받는다고 한다. 3곳을 보게 되면 그에 해당하는 수고비를 지불해야 하는 것이다. 그러나 우리나라의 부동산 중개소는 서비스업의 성격이 강하다. 때문에 해당 중개소에서 보유하고 있는 물건을 모두 보여주는 것은 물론, 음료수와 커피까지 공짜로 제공해준다. 방문객이 실거래자라는 확신이 있으면 운전기사를 자처하고, 때로는 밥까지 사주기도 한다. 하지만 이 같은 이유로 중개인을 눈 아래로 내리깔고 보는 것은 절대 금물이다.

필자는 부동산 중개소를 방문할 때마다 최대한 예의를 갖추고 깍듯한 어조로 내 의도를 이야기한다. 중간중간 '좋은 물건이 있으면 꼭 매수하겠다'는 의지도 살짝 보여주면서 말이다. 그래야 중개인 역시 신이 나서 설명도 잘해주고, 할머니의 꿀단지처럼 숨겨놓은 좋은 물건도 아낌없이 보여주기 때문이다. 부동산 중개소문을 열고 들어가 "그냥 시세나 좀 알아보며 공부하러 왔다"고 하면 어느 누가 바쁜 시간을 쪼개서 정성껏 설명해주겠는가? ·

부동산에는 "봉사 눈 띄워준다"라는 격언이 있다. 부동산 거래가 성사되기까지 너무 많은 시간이 걸린다는 의미다. 즉, 어느 정도 공부가 되지 않은 상태에서 무작정 현장(부동산 중개소)을 찾는 것은 걷기도 전에 뛰려는 욕심일 뿐이라는 말이다.

YG엔터테인먼트 양현석 대표의 사옥 매입에 관한 일화를 들어보면 중개인과의 관계가 얼마만큼 중요한지 알 수 있다. 양 대표는 자신이 원하는 지역의 부동산 중개소를 매일같이 드나들었다고 한다. 처음에는 경계심을 갖고 있던 중개인들도 나중에는 그의 노력에 두 손을 들고 자신들이 아는 내용을 낱낱이 설명해줬다. 양 대표는 그들과의 대화에서 부동산 시장의 흐름을 파악한 후 가장 투자 가치가 높고 자신이 원하는 조건의 부동산을 매입해 이제는 국내에서 손꼽히는 부동산 재벌로 거듭났다. 물론 평생 부동산 거래를 하는 일이 그리 많지 않을 일반인에게는 쉽지 않은 일이다. 하지만 그렇게 함으로써 부동산에 대한 살아 있는 공부를 할 수 있다.

처음 부동산 중개소를 방문할 때에는 부동산 투자 경험이 많거나 중개인과 신뢰관계가 쌓인 사람과 동행하는 게 좋다. 그런 가운데 자연스럽게 임장을 배우고, 부동산 중개소와의 관계를 터나가면 되는 것이다. 그렇게 단련을 거듭하다 보면 어느 순간 부동산 중개소가 내 집처럼 편안하게 느껴질 때가 온다. 요즘 필자는 어느 부동산 중개소에 가든 직접 커피를 타 먹고 중개소장의 컴퓨터를 사용하며 스스럼없이 대화를 이끌어간다. 능글맞은 필자의 모습에 중개소장들이 가끔 놀라기도 하지만 진정성 있는 투자 마인드와 그간의 투자 경험을 보여주며 그들과의 신뢰 형성을 위해 노력한다. 심지어 필자와 단단한 유대감이 형성된 경우 아예 중개소장의 말만 듣고 계약금을 부치기도 한다.

물건을 매도하거나 매수할 때에는 반드시 필자에게 정보를 준 중개소장과 계약을 한다. 반대로 좋은 물건이 나오면 중개소장이 가장 먼저 연락하는 1순위가 바로 필자다. 말 그대로 '윈윈win-win 관계'다. 특히 정보가 중요한 부동산 투자에 있어 해당 지역 부동산 시장의 흐름을 누구보다 잘 알고 있는 중개인과의 신뢰 관계 형성은 선택이 아닌 필수다.

부동산 중개소에 대한 이미지 역시 바뀌어야 한다. 부동산 중개소는 단순히 물건의 매매만 이루어지는 공간이 아니다. 부동산 중개소는 그저 계약서만 써주고 높은 수수료를 받는다고 생각할 수 있으나, 하나의 계약을 위해 수십 명의 사람을 만나서 설명하고 설득해야 한다. 아파트일 경우 관리비나 가스비 정산, 집에 대한 보수나 손실 정도 등을 체크하고 처리해줘야 하는 책임도 뒤따른다. 심지어 주택이나 상가일 경우 과정은 더 복잡해진다. 실거래가 신고를 제때 하지 않고 기한을 넘길 경우 과태료 300만 원을 물어야 하기도 한다.

매수·매도 후에도 처리해야 할 업무가 매우 많다. 투자자가 거주지로부터 먼 지역의 물건을 매매했을 경우 세입자의 불만사항에 곧바로 대응하기는 물리적으로 어렵다. 예컨대 서울에 사는 사람이 부산에 있는 아파트에 투자했는데, 장마철에 비가 샌다면 어떻게 하겠는가? 만약 부산에 투자자와 신뢰가 두터운 중개소장이 있다면 어느 정도의 수고비를 주고 이에 대한 처리를 부탁할 수 있을 것이다. 이처럼 매수 후에도 여러 이유로 중개인에게 부탁할 일이 생기기 마련이다. 하지만 매수 과정에서 중개인과 좋은 관계를 형성하지 못했다면 문제가 생길 때마다 본인이 직접 움직여야 한다. 그러면 시간적으로나 금전적으로나 손해가 이만저만이 아니다.

매도할 때에도 중개인과의 관계는 중요하다. 매도 시 수수료를 터무니없이 많이 깎거나 상식에 어긋나는 클레임을 걸었을 경우 인근 부동산 중개소까지 소위 '블랙리스트'에 오를 수 있다. 중개인도 사람인지라 불편한 고객에 대한 정보를 공유하는 일이 종종 있는 까닭이다. 여기서 퀴즈를 하나 내보자.

'만약 본인이 중개소장이라면 정말 좋은 조건의 급매물이 나왔을 때 어느 손님에게 소개해주고 싶겠는가?'

1번, 자신이 직접 매입한다. 2번, 가족에게 소개한다. 3번, 친구에게 소개한다.

위의 글을 읽었으니 아마 눈치 챘을 것이다. 여기에 정답은 없다.

1번, 오랫동안 부동산 중개소를 운영해온 소장의 입장에서 어떤 물건도 쉽게 매입하기는 힘들다. 과거 이보다 저렴했던 때도 있었고, 앞으로 더 좋은 조건의 물건이 나오리라는 기대가 있기 때문이다. 실제로 중개소장이 직접 투자를 하는 경우는 드물다.

2번과 3번은 같은 맥락이다. 가족 혹은 친구에게 소개한다면 중개소장의 수익, 즉 수수료를 포기해야 할 수도 있다. 가족이나 친구에게 수백만 원의 수수료를 당당하게 요구할 수 있을까? 아마 어려울 것이다. 또한 매입 후 좋은 결과가 나오면 그나마 다행이지만, 만약 손해가 난다면 평생 원망을 들어야 할 수도 있다. 아무리 확신이 드는 물건이라고 해도 오히려 가까운 사람에게 추천하지 못하는 이유다. 결국 현실적으로 떠오르는 사람은 이외의 선택지인 '나와 관계가 좋은 투자자', 즉 필자와 같은 사람이 될 것이다.

어떤 투자자들은 부동산 중개소장님에게 고맙다며 수수료를 더 챙겨주거나 선물을 주기도 한다. 또 어떤 투자자들은 아예 금한 돈을 선물하기도 한다. 이 모두가 언제 발생할지 모르는 '사고'에 대한 보험인 한편, 보석과도 같은 투자 기회를 잡기 위한 또 다른 투자인 셈이다. 부동산 투자자의 소중한 투자 파트너, 부동산 중개소에 대한 인식을 새롭게 정립해야 한다.

아파트 전용 면적과 분양 면적 알아보기

아파트 분양 광고에서 '전용 면적 85㎡, 분양 면적 110㎡, 33평형 아파트 분양'이라는 식의 문구를 흔히 볼 수 있다. 참고로 요즘은 '평'이라는 단어를 광고에 쓰면 불법이지만, 이 책에서는 독자들의 이해를 돕기 위해 평이라는 표현을 사용하도록 하겠다.

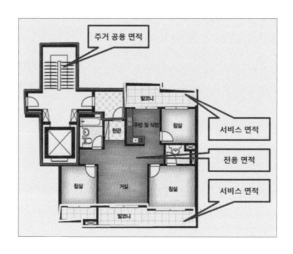

그렇다면 해당 아파트의 실제 크기는 33평일까? 아니다. 이 아파트의 실제 크기는 85㎡(약 25.7평)에 불과하다.

전용 면적은 우리가 실제로 사용하는 면적, 즉 아파트 내부에 한정된 공간을 가리킨다. 반면 분양 면적은 '공급 면적'이라고

도 부르며, 전용 면적과 주거 전용 면적(엘리베이터, 복도, 계단 등)을 포함한다. 또한 우리가 아파트를 매매할 때에는 기타 공용 면적(관리사무실, 놀이터, 노인정 등)을 아파트에서 공동으로 사용하는 면적에 포함시켜 계약을 한다.

우리가 아파트를 매매할 때 눈여겨봐야 하는 부분은 바로 '아파트 전용률'이다. 아파트 전용률은 '공급 면적 대비 전용 면적이 얼마나 되는지'를 표시하는 것이다. 좀 더 쉽게 풀이하면, '전용 면적이 크다는 것은 분양 평수 대비 실사용 면적이 높다'는 의미다.

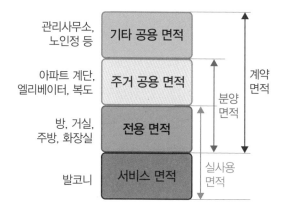

예전에는 아파트 전용률이 80%에 육박했으나, 요즘은 70%를 조금 넘는 경우가 많다. 심지어 오피스텔은 45% 정도이며, 주상복

합아파트의 경우도 60% 내외에 불과하다. 대규모 아파트에 비해 오피스텔이나 주상복합아파트가 상대적으로 작게 느껴지는 것도 전용률의 차이 때문이다. 분양 평수 대비 전용률이 작아 실제 사용하는 공간이 좁은 것이다. 특히 요즘 분양을 많이 하는 아파텔(아파트처럼 사용하는 오피스텔)의 전용률은 아주 낮으므로 각별한 주의가 필요하다.

단, 주상복합아파트는 아파트와 오피스텔을 분리해 건축함으로써 전용률을 높이는 경우가 많다. 때문에 무조건 주상복합아파트를 피하기보다는 전용률이 얼마인지 비교한 후 투자 여부를 결정하는 것이 좋다.

한편 최근 더욱 중요시되는 부분이 있다. 바로 '서비스 면적'이다. 과거에는 서비스 면적, 일명 '베란다(발코니가 옳은 표현임)'가 일반적으로 제공되곤 했다. 하지만 베란다 확장이 합법화됨에 따라 최근 짓는 대다수의 아파트는 확장을 유도하는 구조를 갖게 되었다. 이에 '베란다 확장 면적이 얼마나 되느냐'가 아파트 선택의 중요한 요소로 꼽히는 것이다.

아파트는 결국 내가 살아가는 공간의 크기가 중요하다. 꼼꼼한 전용률 체크로 분양사들의 '숫자 놀음'에 속지 않아야 할 것이다.

발코니·베란다·테라스, '대체 차이가 뭐야?'

우리가 자주 쓰는 부동산 용어 중에 정확한 개념을 잘 모르는 단어가 있다. 바로 발코니, 베란다, 테라스다. 이번에는 비슷해 보이지만 다른 3가지 용어를 살펴보고자 한다.

발코니는 2층 이상 건물의 거실 및 방에서 바깥쪽으로 연장된 공간을 말한다. 많은 사람들이 '아파트 베란다'라고 표현하는데, 사실 이 공간은 '발코니'에 해당된다. 같은 맥락에서 흔히 '아파트 베란다 확장공사'라고 하는데 이 역시 정확하게 말하면 '아파트 발코니 확장공사'다. 발코니 확장은 합법이지만, 베란다 확장은 불법이기 때문이다.

베란다는 주택을 건축할 때 일조권 및 도로 사선 등으로 생기는 상층부의 옥외 공간이나 위층이 아래층보다 작아서 생기는 공간을 가리킨다. 주택가에 보면 베란다를 확장해 사용하는 경우가 종종 있는데, 앞서 말한 대로 이는 명백한 불법이다. 그래서 주택을 구입할 때에는 베란다 확장을 한 부분이 있는지 확인해야 혹시 모를 불이익을 피할 수 있다. 특히 요즘 원룸의 주인 세대에 베란다를 확장하는 경우가 있는데 주의해야 한다. 필자도 원룸을 구입한 후 나중에 베란다 확장에 대한 철거 요청이 들어오는 바람에 매도자에게 이를 요구하기도 했다.

발코니와 베란다의 구분법을 좀 더 쉽게 설명하면 '창문과 지

붕이 있는 공간은 발코니'이고, '창문과 지붕이 없는 것은 베란다'
라고 생각하면 된다. 테라스는 보통 전원주택 같은 곳에서 자주
볼 수 있으며, 1층의 정원 쪽으로 연장된 공간을 말한다. 요즘은
타운하우스나 아파트의 1층 또는 탑층에 테라스를 만들어 분양하
는 경우가 많다.

아무 차이가 없어 보이는 단어 하나만으로도 투자의 방향은 달
라질 수 있다. 발코니와 베란다를 같은 것으로 여기고 베란다를
확장하면 불법이 되는 식이다.

부동산 투자자는 경험과 지식을 모두 갖춰야 한다. 지식이 없
는 경험은 주먹구구식 투자로 이어지기 십상이고, 경험이 없는 지
식은 실제 수익으로 돌아오지 않기 때문이다. 꾸준한 이론 공부
역시 훌륭한 부동산 투자자로 거듭나는 데 반드시 필요한 자양분
임을 잊지 말아야 할 것이다.

나눔부자의 한마디

"내 집 마련, 최적의 시기는? 바로 지금!"

경매보다 좋은 급매,
급매보다 좋은 대세 상승장

부 동 산 투 자 의 핵 심 , '대 세 상 승 장 예 측'

부동산 투자 불패 키워드, '대세 상승장'

내가 부동산 투자를 처음 접한 것은 '경매'였다. 과거 채권 관리를 비롯해 주식, 펀드, 경매 등 다양한 분야에 발을 디뎠던 나는 '부동산 투자는 경매가 최고'라는 편견에 사로잡혀 있었다. 아니, 경매에 집착한 탓에 숲은 보지 못하고 나무만 보는 아집의 투자자였다.

전문적으로 부동산 관련 공부를 해보지 않은 꽤 많은 사람들이 나와 마찬가지로 경매를 통해 부동산 투자를 접하게 된다. '경매는 저렴하게 부동산을 매입할 수 있는 최고의 기회'라는 고정관념이 있기 때문이다. 이 같은 고정관념은 경매를 주제로 부동산 투자 강의를 하는 강사들에게 좋은 소재를 제공해준다. '반값에 부동산 매입 기회'와 같은 솔깃한 광고 문구가 가능하기 때문이다. 분명 과거 부동산 경매가 활성화되지 않아 경쟁자가 적었던 과거에는 이런 일이 가능하기도 했다. 하지만 요즘은 경매 물건에 대한 모든 정보가 공개되어 경쟁률이 훌쩍 높아져 이 또한 쉽지 않아졌다. 기존의 부동산 경매 학원을 비롯해 대학교 평생교육원, 백화점·대형마트 문화센터 등 많은 곳에서 경매 강의가 열리며 사람들의 관심이 높아지면서 레드오션이 된 지 오래다.

부동산 투자를 본격적으로 시작한 후 알게 된 놀라운 사실 중 하나는 경매 시장이 전체 부동산 시장의 5%도 안 된다는 것이었다. 말 그대로 빙산의 일각일 뿐이었지만 처음 배운 게 경매이다 보니 부동산을 바라보는 시야와 생각이 좁디좁은 경매 시장에 한정되어버렸다. 돌이켜 생각해보면 뭐든 싸게 사서 오래 쓰려는 '짠돌이 습관'이 부동산마저 싸게 매입하려는 '잘못된 욕심'으로 이어졌던 것 같다. 참 어리석게 고집을 부린 탓에 날린 시간과 기회가 새삼 뼈아프게 다가온다. 다시 한 번 반성한다.

나중에 확인한 사실이지만 당시에도 지금과 같이 부동산 시장에는 경매보다 저렴한 급매가 수없이 많았다. 하지만 부동산에 무지했던 나는 그렇게 좋은 시장 상황에도 불구하고 오직 경매만을 외쳤다. 당당하게 부동산 중개소를 찾아가 "경매 물건을 보러 왔다"고 했을 때 나를 보던 중개인들의 차가운 눈빛이 지금도 생생하다. 그들 입장에서는 물건도 볼 줄 모르는 '초짜'가 어디서 주워 들은 '경매'라는 단어에 집착하는 모습이 참으로 한심했을 터다.

최근에는 경매 물건이 오히려 같은 조건의 급매 물건보다 훨씬 높은 가격에 낙찰되는 경우도 자주 있으므로 경매에 대한 막연한 환상에 빠지지 말아야 할 것이다. 물론 이러한 현상은 경매 브로커(경매 컨설팅회사)의 활성화와 맥이 맞닿아 있다. 경매 브로커가 일반인을 대상으로 영업을 하면서 다소 낙찰가가 올라가는 현상이 나타나는 것이다. 참고로 그러한 현상은 매도자 우위 시장(대세 상승장)에서 더 많이 확인할 수 있다.

사람들이 경매에 관심을 갖는 이유는 간단하다. 앞서 말한 대로 '부동산을 저렴하게 매입할 수 있는 기회'라고 여기는 까닭이다. 물론 경매에 나왔다는 것 자체만으로도 시세에 비해 다소 저렴한 것은 사실이다. 하지만 부동산 투자 대상으로서의 적합성 여부는 좀 더 다각적으로 분석할 필요가 있다.

실거주가 아닌 투자 목적으로 경매를 시도하는 경우 저렴하게 매입하는 것 이상으로 '비싸게 매도할 수 있는지'에 대한 근거가 필요하다. '저렴하게 사서 비싸게 판다'는 명제에 충실할 수 있다면 그보다 좋은 투자는 없겠지만, 아무리 싸게 샀더라도 구매가 이상으로 되팔지 못한다면 투자할 가치가 없기 때문이다. 부동산 투자자라면 '비싸게 사더라도 그 이상 가격이 오를 물건에 투자한다'는 마인드를 가져야 한다.

자, 이제 그간의 경험을 토대로 내린 '나눔부자의 부동산 투자 철학'을 공개한다.

'경매보다 좋은 급매, 급매보다 좋은 대세 상승장.'

논리는 간단하다. 부동산 시장이 상승 흐름을 타고 있을 때 투자를 하면 적어도 손해 볼 일은 없다는 것이다. 삼척동자도 다 아는 너무나 당연한 논리 아니냐고 반문할 수도 있다. 여기서 중요한 것은 바로 이 대세 상승장의 신호를 감지할 수 있는지의 여부다. 이제부터 빠짐없이 나눔부자의 부동산 투자 철학의 근거, 대세 상승장을 파헤쳐보자.

모든 판단의 근거는 '자료' 안에 있다

필자가 서울과 수도권 지역에 투자를 시작한 2015년, 대구와 부산 그리고 서울의 아파트 매매 가격 지수를 살펴보자. 다음 페이지의 그래프를 보면 부산과 대구는 아파트 매매 가격이 많이 오른 반면, 상대적으로 서울과 수도권은 8년간 조정을 받으며 횡보를 하다가 살짝 반등했다는 것을 알 수 있다. 당시 부산과 대구는 물론, 수도권의 투자자들까지 대거 서울로 입성을 준비하려는 움직임이 감지되었다.

아파트 매매 가격 지수

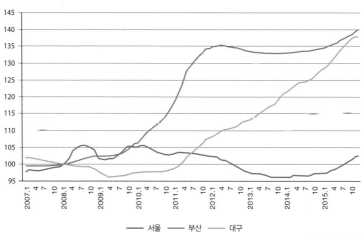

서울 —— 부산 —— 대구

출처: KB국민은행

서울의 아파트 입주량과 입주 필요량

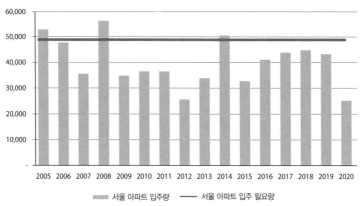

■ 서울 아파트 입주량 —— 서울 아파트 입주 필요량

출처: KB국민은행

또한 서울의 아파트 입주량과 매매 가격 지수를 보면 2005년부터 꾸준하게 입주 필요량보다 적게 공급함으로써 수요와 공급의 법칙에 따른 가격 상승의 여지를 뒷받침해주고 있음을 알 수 있다.

부동산 투자의 최적기는 '해당 지역의 대세 상승장이 시작되는 단계', 즉 대세 상승장 직전이다. 부동산 시장의 대세 상승장 돌입 시점에 대한 판단 기준으로는 크게 '입주량'과 '저평가'를 꼽을 수 있다. 지역의 입주량이 부족하고, 다른 지역과 비교했을 때 부동산 가치가 상대적으로 저평가되어 있을 때 대세 상승장에 돌입할 확률이 높은 것이다.

'부동산 10년 주기설'이라는 표현이 있다. 우리나라 부동산 시장의 흐름을 대략적으로 압축해놓은 말이다. 정확히 맞아떨어지는 것은 아니지만 대강의 흐름을 알기에는 충분하다. 아래의 그래프를 보자.

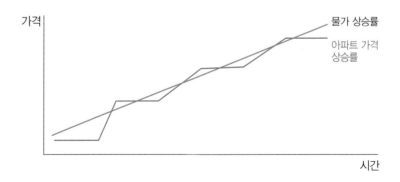

이 그래프는 지난 30년 동안 우리나라 부동산 시장의 흐름을 나타낸다. 자세히 보면 상승장이 대략 5년간 유지된 후 다시 5년 동안 하락장 혹은 조정장이 찾아오고, 또다시 5년간 상승장이 반복되는 것을 알 수 있다. 최근 들어 주기가 조금 빨라진 경향은 있지만 여전히 이러한 흐름을 크게 벗어나지는 못하고 있다. 필자가 말하고자 하는 바는, 우리나라의 부동산 시장은 '계단식'으로 흐르기 때문에 횡보장에서는 투자를 자제하고 상승장에서 적극적으로 투자에 나서라는 것이다.

　자료에도 나타나 있듯이 하루에도 수십, 수백 차례 등락을 거듭하는 주식이나 여타 금융 상품과 달리 부동산 시장의 흐름은 짧은 시간에 급격하게 변화하지 않는다. 또한 상승장이 끝나면 일정 부분 조정을 받는 것은 사실이지만, 결코 큰 폭의 하락은 일어나지 않는다. "대한민국 부동산은 30년 이상 꾸준히 우상향을 기록해왔다"는 명제를 증명하고 있다. 물론 이러한 과거의 기록이 앞으로의 부동산 가격 상승을 무조건 보장해주지는 않는다. 하지만 지난 30년 동안의 발자취에서 우리는 부동산 시장의 흐름을 파악할 수 있다.

　아파트는 우리가 손쉽게 구입할 수 있는 공산품처럼 바로바로 찍어내지 못한다. 공급량이 부족해 주택을 지으려면 택지 조성과 분양, 건설, 완공까지 적어도 3년 이상은 걸리기 때문에 단기적인 정부 정책으로 부동산 가격을 잡는 것은 한계가 있다. 또한 오는

2030년까지 인구가 늘어날 것이라는 통계청의 자료에 따르면 주택에 대한 수요도 함께 증가할 것이라는 결론에 도달한다. 우리나라 인구의 50%가 무주택자라는 통계 역시 여전히 주택 공급이 부족하다는 사실을 뒷받침해준다. 결국 수요가 지속적으로 발생하는 우리나라의 구조상 부동산의 가격 상승은 필연적인 수순이다.

그래프를 보면 알 수 있듯이 상승 전 5년의 하락과 조정장 동안 아파트만 안 오른 상태에서 모든 물가가 상승할 수밖에 없는 상황도 발생한다. 더욱이 부동산 투자로 인한 소득의 욕심과 새 아파트에 거주하고 싶은 욕망을 막기에는 역부족일 것이다. 한 가지 더 말하고 싶은 것은, 지방과 수도권은 상승장이 반대로 움직이는 현상을 많이 보였고, 지역마다 입주율과 가격이 달라 지역별로 차별화된 투자를 해야 한다는 것이다.

사람들은 내게 "부동산 공부를 하고 싶은데 어떻게 하면 될까요?"라고 묻는다. 마치 수능 공부처럼 부동산 역시 정해진 커리큘럼이 있길 바라면서 말이다. 하지만 살아 있는 생물인 부동산에 대한 공부는 결코 정형화된 자료나 강의, 뉴스, 인터넷 등으로만 하려고 해서는 안 된다. 부동산의 기초를 어느 정도 배우기까지는 선배 투자자들의 강의나 경험담이 도움이 될 수도 있지만, 진정한 투자자가 되기 위해서는 발품을 팔아 투자 현장을 돌아다니고 직접 투자를 해봐야 한다.

나에게도 여러 번의 실패와 고비가 있었다. 미국이 자랑하는 발명왕 에디슨의 "실패는 성공의 어머니"라는 말마따나 수많은 실패가 쌓여 지금 100억 원대의 부동산을 소유한 투자자로 거듭나게 된 것이다.

부동산도 결국 사람이 주체다. 즉, 사람에 의해 시장이 돌아가고, 그 안에서 가격이 결정된다. 이것이 바로 부동산 전문가는 물론 많은 사람들과 지속적으로 교류해야 하는 이유다.

홀로 푸른 나무는 없다. 부동산 투자 역시 혼자 잘났다고 큰돈을 벌 수 있는 게 아니다. 항상 겸손하고, 만나는 모든 사람들이 나보다 고수라는 마음가짐을 가져야 한다. 혹시 아는가. 지금 눈앞에 있는 매도자가 당신에게 수억 원을 안겨줄 귀인일지도 모른다.

부산-대구-서울·수도권, 그다음은 어디?

최근 부동산 시장의 흐름은 다소 유동적으로 바뀌는 모양새다. 지난 10년간의 대세 상승장 지역을 살펴보면 2008년 서울의 부동산 시장이 침체기를 맞은 반면, 같은 시기에 부산의 부동산 시장은 본격적인 상승 국면이 시작되었다. 이후 부산의 부동산 시장은 3년간 상승세를 유지하며 급격한 가격 상승폭을 기록했다.

부산에 이어 2011년 대세 상승장의 바통을 넘겨받은 곳은 필자가 살고 있는 대구였다. 부산에서 상승장을 경험했던 투자자들이 대구의 미분양 아파트를 대량으로 매입하면서 부동산 시장이 꿈틀거리기 시작했던 것이다. 부산의 부동산 시장에서 대세 상승장을 직접 겪은 투자자들은 당시 경험으로 얻은 지식과 정보를 토대로 '대구의 부동산 시장이 전반적으로 저평가되어 있고, 지역 내 입주량이 적다'는 등의 사실을 파악한 후 매입을 결정했다.

당시 나는 경매와 부동산 중개업을 병행하고 있었다. 자연스레 부동산 관련 사람들을 많이 만나다 보니 부산 사람들이 대구의 부동산을 집중적으로 매집하고 있다는 이야기를 듣게 되었다. 나름대로 부동산 공부에 매진하던 나는 지역 내 다른 중개소장들과 의

아파트 매매 가격 지수

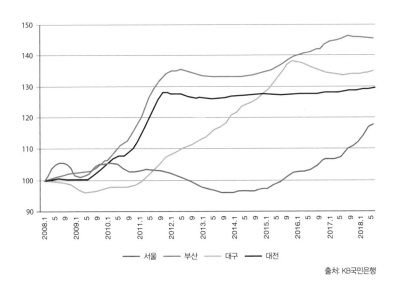

출처: KB국민은행

견을 나누며 '지금 매입한 아파트는 전세(갭 투자)가 끝나는 2년 뒤인 2013년이면 다시 가격이 하락할 것'이라는 결론을 내렸다. 하지만 그 예상은 보기 좋게 빗나갔다. 오히려 2013년부터 본격적인 대세 상승장이 시작되었던 것이다. 2011년부터 2년 동안 소형 아파트를 중심으로 가격이 상승했는데, 이후 중대형과 새 아파트도 뒤따라 상승세에 돌입했기 때문이었다.

한편 2년 전 부동산을 매입했던 부산의 투자자들 중 꽤 많은 이들이 당시 매도를 하고 서울로 진출했다. 그들은 2008년부터 침체기를 겪은 서울이 다시 한 번 상승장에 들어설 것이라고 판단했다. 실제로 서울은 지금까지 대세 상승장을 유지하고 있으며, 서울 유입 인구의 증가와 실거주자들의 수요가 꾸준히 있을 것으로 예상되는 만큼 앞으로도 이러한 흐름은 제법 오랫동안 지속될 가능성이 높다.

이름 그대로 '특별한 서울'을 제외하면 그다음 대세 상승장은 어디가 될까? 결론부터 말하자면 '대전'이 다음 대세 상승장을 주도할 것으로 보인다. 다음에 나오는 표와 그래프를 보자.

표를 자세히 살펴보면 대전의 부동산 가격이 부산과 대구에 비해 훨씬 저평가되어 있는 것을 알 수 있다. 또한 해당 내용을 대구의 대표 아파트 단지인 경남타운과 대전 크로바아파트의 과거 시세와 비교해보면 대전 지역 부동산의 상승 여력이 여전히 남아 있음을 예측할 수 있다.

지방 아파트 값 상위 20개 지역

(단위: 33㎡당 만 원)

2006년 7월	매매가	순위	2016년 7월	매매가
대전 유성	620	1위	대구 수성	1,108
대구 수성	610	2위	부산 해운대	1,081
부산 수영	589	3위	부산 수영	1,080
울산 남구	575	4위	부산 연제	922
대전 서구	556	5위	부산 동래	916
부산 동구	541	6위	대구 중구	909
부산 동래	528	7위	울산 남구	897
부산 해운대	527	8위	부산 금정	879
부산 금정	517	9위	부산 남구	864
경상 창원	516	10위	부산 강서	859
울산 중구	513	11위	경상 창원	844
부산 연제	511	12위	대구 달서	840
대구 달서	504	13위	대구 동구	809
대구 중구	501	14위	울산 중구	801
부산 서구	498	15위	부산 북구	793
경상 진주	483	16위	대전 유성	791
부산 남구	481	17위	충북 청주	791
충남 천안	476	18위	부산 부산진	786
부산 강서	475	19위	대구 북구	784
부산 부산진	444	20위	울산 동구	766

좀 더 자세히 분석해보자. 2013년까지 대전에 비해 5,000만 원 이상 저렴했던 대구의 아파트는 이후 상승을 시작해 2015년에는 대전을 추월, 2017년에는 2억 원 이상 높은 시세를 형성했다. 특히 대구의 경남타운은 1982년도에 지어진 312세대 단지인 데 반

대구·대전 대표 아파트 단지 가격 비교 85

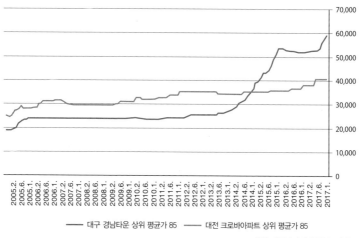

— 대구 경남타운 상위 평균가 85   — 대전 크로바아파트 상위 평균가 85

출처: 네이버 카페 부동산오아시스

해, 대전의 크로바아파트는 1992년 완공된 1,632세대 단지로 부동산 가치가 훨씬 높다. 또한 대전은 세종시 입주량의 영향으로 광역시급 도시에서 유일하게 부동산 가격이 상승하지 않았으며, 울산·서울·부산에 이어 전국 소득 수준 4위를 기록하고 있는 만큼 향후 대세 상승장이 찾아올 가능성이 매우 높다고 판단된다.

아울러 입주량이 많은 세종시의 아파트 가격이 저렴할 때에는 대전에 직장이 있다고 해도 불편을 감수하겠지만, 이제는 시세가 크게 올라 그다지 가격 차이가 나지 않는 만큼 직장과의 거리가 가깝고 편의시설 및 생활시설이 풍부한 대전으로 돌아오는 사람들이 늘어나는 추세다. 또한 2015년부터 계속적으로 대전 지역의

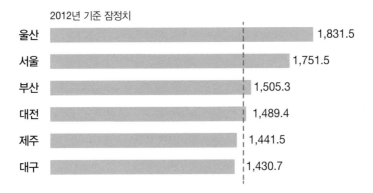

전국 1인당 개인 소득 순위

(단위: 만 원)

2012년 기준 잠정치

울산	1,831.5
서울	1,751.5
부산	1,505.3
대전	1,489.4
제주	1,441.5
대구	1,430.7

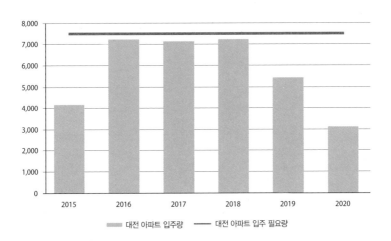

대전의 아파트 입주량과 입주 필요량

▨▨▨ 대전 아파트 입주량   ── 대전 아파트 입주 필요량

입주량이 매년 입주 필요량보다 적음을 알 수 있다.

뿐만 아니라 갑천지구를 중심으로 도안 신도시 재개발 사업이 진행됨에 따라 이후 해당 지구에서 분양을 받지 못한 인원들이 외부로 넘칠 수 있어 가격 상승의 여지는 충분하다.

나눔부자의 한마디

"경매보다 급매, 급매보다 대세 상승장!"

'천기누설',
나눔부자의 매수·매도 타이밍 대공개 🏠

부동산 시장, 전래동화 〈토끼와 거북이〉와 같다

부동산 투자자라면 아파트의 가격과 가치를 구분할 줄 알아야 한다. 가격은 어떤 물건이 지니고 있는 가치를 돈으로 환산한 것으로 사용 가치, 희소 가치, 교환 가치 등 화폐와의 교환 가치를 말한다. 이를 아파트에 적용하면 가격은 곧 매매가 혹은 시세라고 할 수 있다. 한편 가치는 사물이 가지고 있는 쓸모를 측정한 것이다. 이를 아파트에 적용하면 가치는 곧 아파트 전세 가격 혹은 시세가 된다.

가격(현상)	가치(본질)
물건이 지니고 있는 가치를 돈으로 나타낸 것(화폐와의 교환 가치)	사물이 지니고 있는 쓸모. 사용 가치, 희소 가치, 교환 가치(모든 상품들과의 교환 가치)

모든 부동산 자료에서는 매매 가격과 전세 가격을 동시에 기재하고 있다. 우리나라에만 있는 특별한 전세 제도의 중요성에 대한 방증이다. 아파트의 투자 타이밍은 바로 부동산의 가격과 가치, 즉 매매가과 전세가의 관계를 정확히 파악한 후에야 비로소 가능할 수 있다.

부동산 투자에 있어 매우 중요한 요소가 바로 철저한 분석을 통해 최적의 매수 및 매도 타이밍을 잡는 것이다. 싸게 사서 비싸게 파는, 투자자에게 있어서는 매우 기본적인 소양이 바로 적절한 투자 타이밍을 파악하는 능력이다. 이러한 타이밍의 기준이 되는 것이 바로 매매가와 전세가다.

매매 가격(매매 시세)과 전세 가치(전세 시세)는 각각 토끼와 거북이에 비유할 수 있다. 먼저 아래 그래프를 보자.

부동산 매매 가격과 전세 가격 비교

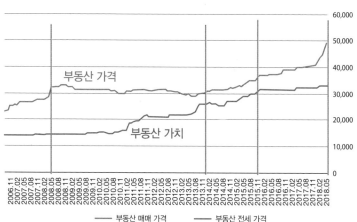

앞의 그래프를 기준으로 했을 때 갭 투자의 매수 타이밍은 언제일까? 갭 투자의 핵심은 최소한의 투자금으로 최대한의 수익을 도모하는 것이다. 최소한의 투자금은 토끼와 거북이의 거리가 가장 적게 차이 날 때, 앞의 그래프로 따지자면 2013년 11월이 최적의 매수 타이밍에 해당한다. 반대로 최대한의 수익을 도모하기 위해서는 대세 상승장과 같은 여러 가지 조건을 복합적으로 따져봐야 한다. 정리하자면 아파트 갭 투자의 최적기는 토끼가 한참 잠을 자고 있는 동안 거북이가 열심히 달려 거리를 최대한 좁힌 시점이라고 할 수 있다.

〈매수 타이밍〉

반대로 최적의 매도 타이밍은 언제일까? 물론 매도 타이밍의 적기는 매매 시세가 꼭짓점에 올랐을 때다. 하지만 부동산 가격은 한

계가 정해져 있지 않다. 설사 상한선이 존재한다고 한들 어느 누구도 이를 예측할 수 없다. 때문에 매도 타이밍은 다른 방향에서 접근해야 한다. 필자는 '최고가'보다는 '가격에 거품이 끼는 단계'에서 매도를 결정하는 게 좋다고 생각한다. 최적의 매도 타이밍은 매매 가격 대비 전세 가격의 폭이 커지는 구간, 즉 토끼가 거북이를 한참 앞서 나갈 때다. 앞의 그래프에서 2008년 5월이 이에 해당한다.

〈매도 타이밍〉

한편 소유주 입장에서는 일정 기간 아파트를 보유하고 있어야 하는 경우도 있다. 바로 부동산 가격이 급등하는 시기다. 아파트가 대세 상승장에 돌입했다는 판단이 섰다면 매매 가격 대비 전세 가격의 폭이 커지는 시점까지 부동산을 보유하는 것이 좋다. 앞의 그래프에서 2013년 8월부터 2016년 2월까지는 아파트의 매매 가

격이 오르는 동시에 전세 가격도 동반 상승하는 것을 볼 수 있다. 매매 가격이 오르면서 전세 가격이 오른다는 것은 그만큼 사용가치가 아직 많이 남아 있음을 의미한다.

〈부동산 가격 급등기 / 부동산 보유 시점〉

모든 지역의 아파트에 해당되는 것은 아니지만, 일반적으로 토끼는 거북이보다 월등히 빠른 속도를 자랑한다. 즉, 매매 시세는 전세 시세보다 빠르게 증가한다.

물론 전래동화 속 토끼처럼 부동산 시장도 '조정기'라는 이름의 낮잠 타임이 필연적으로 찾아온다. 바로 이 시기에 전세 시세인 거북이는 부지런히 발을 놀려 낮잠을 자는 매매 시세인 토끼를 따라잡는다. 결국 매수와 매도 타이밍을 결정짓는 것은 토끼와 거북이의 속도 차이와 거리인 것이다.

매매 및 전세 시세의 변화를 나타낸 앞의 그래프는 필자가 실제로 매수한 물건 중에 하나다. 필자가 투자한 시점은 매매 가격과 전세 가격의 차이가 크지 않은 2014년 상반기였다. 나름대로 최적의 매수 시점이었다고 생각한다. 필자가 해당 물건을 매도한 시점은 매매 가격이 많이 오른 반면, 전세 가격이 이를 따라가지 못한 까닭에 매매 가격 대비 전세 가격이 크게 벌어진 2018년 3월쯤이다. 물론 매매 가격이 더 오를 것이라고 판단했지만 좀 더 수월한 매도를 위해 뒷사람에게 기대 수익의 여지를 남겨놓은 시점에 매도를 결정했다.

재차 강조하지만 머리 꼭대기까지 수익을 챙기겠다는 욕심은 버려야 한다. 욕심을 부리다 자칫 매도 자체가 불가능해지는 것보다는 자신의 수익을 어느 정도 양보함으로써 보다 유려한 매매 구조를 만드는 것이 현명한 투자자의 자세라고 할 수 있다.

어느 영화 속 유명한 대사가 떠오른다.

"혼자 먹지 마라. 배 터져 죽는다."

매입보다 매도가 10배 이상 어렵다

우리는 부동산 투자를 할 때 많은 조건을 따져본 후 매입을 결정한다.

- 시세가 저렴한가?

- 수리가 잘되어 있는가 ?

- 동·호수가 RR(로얄동, 로얄호)인가 ?

- 남향인가?

이렇듯 다양한 조건이 판단의 기준이 된다. 매입자의 입장에서는 아무리 좋은 물건이라고 해도 흠이 보이기 마련이다. 다소 색이 발한 벽지부터 여기저기 뜯겨진 장판, 물때 가득한 욕실 등 어떤 트집을 잡아서라도 가격을 깎고자 노력한다. 하지만 일단 투자를 결정하게 되면 매입은 일사천리로 이루어진다. 계약서를 쓰고 대금을 치른 후 법무사 혹은 본인 스스로 등기를 마치고 나면 정식으로 소유를 인정받는다.

한데 매도는 매입보다 10배, 아니 그와 비교할 수 없을 만큼 힘들다. 매도자의 입장으로 돌아서면 매입할 때와는 달리 본인의 물건이 가장 좋은 조건을 가진 것으로 여겨진다. 그래서 다른 물건보다 비싸게 매도하고자 하는 마음에 다소 높은 가격으로 시장에 내놓는다.

필자는 이렇듯 비싼 가격에 매도를 시도하는 이들에게서 많은 '하소연'을 듣곤 한다. 자신의 물건이 정말 좋은데도 매입자가 안 나타난다는 것이다. 그럴 때마다 필자는 '역지사지'를 강조한다. 본인이 매입자였을 때를 돌이켜보라는 의미다. 즉, 처음에 문제가 있어 보였던 요소가 어떤 것이었는지를 생각한 후 미흡한 점을 보완해서 내놓아야 하는 것이다.

내가 매입을 할 때 제일 좋은 물건을 고르듯이 시장에 나와 있는 물건 중에서 상태와 조건이 제일 좋은 것이 먼저 팔리기 마련이다. 물론 매도자 우위 시장에서는 저렴하게 내놓을 필요가 없다. 상대적으로 저렴한 것이 먼저 팔리고, 나중에 자신의 것이 팔릴 것이라는 확신이 있다면 말이다. 한편 매수자 우위 시장으로 변해서 가격이 조정을 받을 때, 즉 매수자가 귀해질 때에는 과감하게 가격을 낮춰야 한다. 조금이라도 손해를 보지 않으려고 시간을 끌다가는 자칫 가격이 그 이하로 떨어질 수 있는 까닭이다. 매입할 때 조금 비싸게 샀다고 생각하고, 매도할 때 조금 싸게 팔았다고 생각하는 '속편한 마음가짐'도 하나의 전략이 될 터다.

필자도 예전에 투자했던 물건의 매도 시기를 놓쳐 결국 매수 가격과 비슷한 금액에 매도를 한 경험이 있다. 이런저런 부대 비용을 제외하면 결국 약간의 손해를 본 셈이다. 당시 가격이 조정을 받을 것을 예측했음에도 작은 욕심을 부린 탓에 손해를 본 것이었다.

매입 희망자나 전세입자에게서 조금 깎아주면 계약을 하겠다는 연락이 왔을 때 아쉬운 마음에 거절을 하면 이상하게 그 후부터는 매도자나 세입자가 나타나지 않는다. 그렇게 시간이 지나 전세 만기가 돌아오거나 시장이 침체기에 들어서면 마음은 더없이 조급해지고, 종종 공실이 나는 최악의 경우도 생긴다.

"박수 칠 때 떠나라!"라는 격언이 있듯이 부동산 투자에서도 그 지역의 시장이 잘나갈 때 매도하고 떠나는 전략이 필요하다. 떠날 때에는 미련 없이 과감하게 털어야 한다. 매도를 하지 않고 매입만 할 수 있는 투자는 없다. 수익은 결국 매도로 인해 실현되는 것이기 때문이다.

부동산 시장은 역시 역시계 곡선을 그리며 움직인다

부동산 시세는 시장 가격과 거래량에 의해 역시계 방향으로 움직이는 경향이 있다. 부동산 시장의 흐름을 크게 구분하면 상승 국

시세 순환의 역시계 곡선

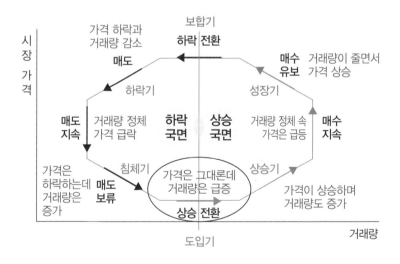

면과 하락 국면으로 나뉜다. 아래의 그림은 필자의 경험을 기반으로 정리한 부동산 시장의 흐름, 이른바 '시세 순환의 역시계 곡선'이다. 이 이론을 기반으로 부동산의 매수·매도 타이밍을 확인해보자.

도입기

먼저 상승 국면에서는 부동산 시세가 '도입기'에 접어들면서 상승 전환을 하게 된다. 이때에는, 가격은 유지되면서 거래량이 급증하는 현상이 나타난다. 이어 미분양률이 줄어들면서 매매 가격과 전세 가격이 얼마 차이 나지 않는 현상이 발생한다. 즉, 사용 가치인 전세 가격과 기대 가치인 매매 가격의 차이가 얼마 안 나는 시기로 갭 투자를 하기에 최적의 타이밍이라고 할 수 있다.

상승기

전세 가격이 상승해 매매 가격과 큰 차이가 나지 않는다면 기존의 전세입자들 역시 내 집 마련을 결정하는 경우가 늘어날 것이다. 매매가 활발하게 이루어지는 이 시기가 바로 '상승기'다. 상승기에 들어서면 아파트 가격과 거래량이 동시에 상승하게 된다. 가격이 올라가면 매도 희망자는 다시 자신의 물건을 거둬들이기 마련이다. 즉, 수요는 늘어나는데 공급이 줄어드는 현상이 발생하는 것이다. 수요가 공급을 압도하면 당연히 상품의 가치는 올라간다. 그러면 아파트 가격이 하루가 다르게 올라가는 시기가 도래한다.

건설회사들이 이를 놓칠 리 없다. 건설회사들은 지금까지 건축을 하지 못한 택지를 분양하는 식으로 자신들에게 가능한 최대 물량을 시장에 풀어놓기 시작한다.

성장기

부동산 시장에 공급이 늘어나게 되면 매매 가격은 급등하는 반면, 전세 가격은 이 같은 상승분을 미처 따라가지 못한다. 매매 가격과 전세 가격이 벌어지는 현상이 발생하는 '성장기'에 들어서는 것이다. 하지만 한번 달아오른 시장에 대한 기대는 쉬이 꺾이지 않는다. 사람들은 앞으로 가격이 더욱 상승할 거라는 기대 심리로 가득 찬다. 때문에 아파트 가격은 여전히 가파른 상승세를 기록하는 한편, 거래량은 많지 않은 시기인 성장기를 맞이하게 된다.

부동산 투자자라면 이 시기에 매도를 하는 것이 가장 좋다. 성장기에 매도 타이밍을 놓친다면 자칫 시장이 하락 전환으로 돌아섰을 때 손해는 물론, 매도 자체를 하지 못할 수도 있기 때문이다. 성장기에는 이른바 '매도자 우위 시장'이기 때문에 보다 좋은 가격에 편하게 매도를 할 수 있다는 장점이 있다.

반면 성장기에 매수를 하는 것은 피해야 한다. 매수 후 전세 투자라면 2년 후 매도를 해야 하는데 그 시기가 되면 하락기가 올 가능성이 높기 때문이다. 이에 더해 부동산 활황에 편승해 많은 물건들에 과도한 프리미엄이 붙으면서 투기의 장으로 변질될 가능성도 존재한다. 흔히 말하는 '부동산 거품'이 끼는 시기가 바로 이때인 경우가 많다. 때문에 성장기에는 투자자나 실거주자 모두 많이 고민해야 한다.

하락기

성장기와 보합기를 거친 부동산 시장은 이후 크게 높아진 부동산 가격에 대한 부담으로 인해 미분양 물건이 점점 늘어나게 된다. 이때가 바로 '하락기'의 시작 시점이다. 매매 가격과 전세 가격의 차이가 가장 큰 시기로, 갭 투자로는 최악의 타이밍인 셈이다.

높은 부동산 가격은 결국 시장의 경색으로 이어지고, 자연스럽게 가격과 거래량이 급격하게 감소하게 된다. 앞서 말한 매도자 우위 시장과는 반대로 '매수자 우위 시장'으로 들어서는 것이다. 이때에는 가격을 내려도 매수자가 잘 나타나지 않는다. 소유자는 불과 얼마 전까지 최고 가격이었던 것을 잊지 못해 가격을 내리지 않으려 하고, 매수자는 이제부터 가격이 조정되기 시작될 거라는 심리가 작용해 매입을 꺼려하기 때문이다. 갭 투자자로서는 소위 '똥줄'이 탈 수밖에 없을 터다.

하락기에 가장 큰 타격을 받는 것은 과도한 프리미엄이 붙은 분양권을 매입한 투자자들이다. 다소 속이 쓰리겠지만 투자자라면 이때라도 과감하게 털고 뒤돌아서야 한다. 조금 더 가격을 올리려고 했다가는 매도가 점점 더 어려워질 수 있다.

침체기

하락기를 힘겹게 버텨내도 이후 본격적인 침체기가 시작된다. 거래량도 없고, 가격도 급락하는 현상이 발생하는 것이다. '하우스푸어'가 양산되고, 매스컴에서는 시민을 위한 대책이 강구되어야 한다는 기사가 쏟아져나오는 시기다. 이 시기에는 투자자든 매수자든, 부동산 매입을 더욱 신중하게 결정해야 한다.

단, 종종 자금 압박을 견디지 못해 급매가 나오는 경우가 있다. 이러한 물건은 실거주자의 입장에서는 저렴하게 내 집 마련을 할 기회가 될 수도 있지만, 투자자라면 급매라고 해도 매입을 한 번 더 고민해봐야 한다. 한번 하락기를 맞이한 부동산 시장에 다시 상승장이 돌아오기까지는 수년 이상이 걸리기 때문에 또 다른 투자에 대한 기회비용을 잃을 수도 있다.

물론 부동산 시장의 역시계 곡선이 무조건, 전국 어디서나 똑같이 적용되는 것은 아니다. 다만 대체로 수도권과 지방 대도시는 시계 반대 방향으로 움직이는 경우가 많다. 중소 규모의 지방자치단체는 각 지역의 특성에 따라 다소 다를 수도 있다. 하지만 결국 큰 틀에서는 이 역시계 곡선의 흐름을 따라간다.

사람들은 대부분 자신이 거주하는 지역의 부동산만 살피는 경향이 있다. 하지만 그렇게 되면 나무만 보고 숲을 보지 못하는 상황이 벌어질 수 있다. 보다 많은 투자의 기회비용을 붙잡고 싶다면 전국 팔도를 꼼꼼히 살펴보며 어떤 지역이 저평가되어 있는지 확인하는 노력이 필요하다.

타이밍을 스스로 만드는 것도 능력이다

매도 타이밍을 오롯이 시장의 흐름과 운에 맡기는 것은 어디까지나 일반인의 경우다. 부동산 투자자라면 스스로 매도 타이밍을 조율할 줄 알아야 한다.

대구에는 빌라만 전문적으로 취급하는 유명한 부동산 중개소가 있다. 그 중개소는 빌라 경매에 직접 참여해 낙찰 받은 물건을 리모델링해서 매매를 한다. 또한 급매로 나온 빌라를 매입해 올수리 한 후 매도하기도 한다. 대구에 있는 모든 빌라의 가격과 위치를 파악하고 있는 이 중개소는 투자자들 사이에서 '대구 지역 빌라의 시세를 정하는 곳'으로 유명하다. 이곳의 기법을 배워 한 해 50개 이상의 빌라를 매매하는 부동산 중개업소도 여럿일 만큼 독보적인 기술과 정보력을 자랑한다. 필자 역시 이곳에서 빌라 투자에 대한 공부를 해보고 싶었지만 충분한 시간이 확보되지 않아 어깨 너머로 작은 지식의 곡식만 쓸어 담았을 따름이다.

한때 빌라에 관심이 있었던 필자는 대구 칠곡의 한 빌라가 급매로 나왔다는 소식을 듣고 인근 부동산 중개소를 찾아간 적이 있다. 평소 알고 지내던 사람이, 자신의 윗집이 급매물로 나왔다며 낡은 곳만 수리하면 좋은 가격에 재매도를 할 수 있을 거라고 소개를 했었다.

처음에는 간단한 수리만 하려고 했는데 수리를 하는 김에 도배·장판은 물론, 거실 확장과 화장실 리모델링, 섀시 교체까지 올수리를 하기로 결심했다. 다소 낡은 매물이었기에 올수리를 한다면 실거주자에게 좋은 조건으로 다가갈 수 있으리라는 판단에서였다. 실제로 해당 물건은 수리를 마친 후 매입 가격보다 더 높은 가격으로 재매도를 완료할 수 있었다.

사람들은 부동산을 반영구적인 상품이라고 인식한다. 한번 지어지면 수십 년 이상 한곳에 위치해 있으니 그렇게 생각할 법도 하다. 하지만 집도 어디까지나 소모제의 범주에 들어간다. 사용하면 할수록 낡고 이곳저곳 고칠 데가 생기기 마련이다. 투자자의 입장에서는 어차피 일정 시간이 지나면 매도해야 할 물건에 수리 비용을 추가로 들이기는 싫을 것이다. 하지만 매수자의 입장에서는 낡은 상태보다 수리가 된 깨끗한 조건의 물건을 사고 싶은 게 당연하다. 이때 매도자와 매수자의 입장이 좁혀지지 않는다면 결국 매매가 이루어지지 않을 확률이 크다. 매도를 마친 후 수익을 올려야 하는 투자자로서는 이보다 난감한 상황이 없다. 아예 매도 가격을 낮추거나 일정 금액의 수리비를 지원해줄 수도 있다.

여기서 발상의 전환을 해보자. 매도자 우위 시장이 아니라면 내가 원할 때 물건을 마음대로 매도할 수 없다. 그렇다면 매도를 위해 투자자가 할 수 있는 결정은 무엇일까? 바로 매수자의 마음에 드는 조건으로 집을 수리하는 것이다.

반대로 생각하자. 만약 1,000만 원을 투자해 집을 반짝반짝하게 수리했다면 같은 단지의 낡은 물건보다 1,000만 원 이상 비싸게 매도할 수 있다. 또한 매수자의 입맛에 맞는 물건으로 재탄생했기 때문에 매도가 되지 않아 전전긍긍할 필요도 없다. 즉, 순서의 차이일 뿐, 결국 어느 정도의 수리는 낡은 물건을 매도하기 위한 필수 과정 중 하나인 셈이다.

어차피 팔 물건이니 더 이상 추가로 돈을 투자하기 싫다? 이러한 잘못된 아집이 결국 자신의 발목을 잡을 수 있다는 사실을 기억해야 한다. 매도에 있어 투자자가 가져야 할 기본 소양은 시장의 흐름에 따른 유동적인 사고와 과감한 결단력이다.

'욕심은 금물', 매수보다 10배 이상 어려운 매도 타이밍 잡기

필자는 몇 년 전 대구 경산에 위치한 아파트 2채를 각각 1억 원에 매입했다. 두 물건 중 하나는 층도 낮고, 현관 바로 앞에 엘리베이터가 있어 답답한 느낌을 주는 탓에 사람들이 그다지 선호하지 않는 조건이었다. 또 다른 하나는 소위 말하는 RR(로얄동, 로얄호)이었다.

매입 후 2년이 지나 해당 물건의 시세는 1억 3,000만 원까지 올랐다. 필자는 전세를 한 번 돌린 해당 시점에 조건이 좋지 않은 저층의 물건을 1억 2,500만 원에 매도했다. 하지만 같은 시기에 RR 물건에 들어온 1억 3,000만 원의 매수 희망자는 무시했다. 필자가 판단했을 때 조망도 좋고 남향 고층의 RR 물건은 최소한 1억 3,500만 원 이상을 받아야 한다고 여겼기 때문이다.

결국 필자는 기존의 세입자와 재계약을 했다. 아직 가격 상승 여력이 남아 있다고 생각했던 까닭이다. 물론 타이밍상 매도해야 한다는 생각에 월세라도 끼고 매도를 해야 하나 고민했지만 원하는 가격을 지불하겠다는 매수자를 만나지 못했다.

결과적으로 2년이 지난 현재 해당 물건의 시세는 8,000만 원(앞에 1억 원을 빼먹은 게 아니다!)이다. 2년 전 1억 3,000만 원에 매도를 했다면 3,000만 원의 수익을 올릴 수 있었을 텐데, '겨우 500만 원'을 더 벌겠다고 버렸던 게 패착이 된 것이다.

예전에 모 화장품 광고 중에 "화장은 하는 것보다 지우는 게 중요하다"는 문구가 있었다. 부동산 역시 마찬가지다. 매수는 돈만 있다면 누구나 할 수 있지만, 매도는 반드시 자신의 물건을 원하는 매수자가 필요하다. 아무리 좋은 물건이라도 무리한 금액을 요구하거나 지나치게 고집을 부린다면 자칫 매도 타이밍을 놓칠 수 있다.

매수보다 매도가 10배 이상 어려운 이유는 그 누구도 최적의 매도 타이밍을 잡을 수 없기 때문이다. 작은 욕심으로 큰 이익을 포기하는 소탐대실의 우를 범하지 않길 바란다.

나눔부자의 한마디

"매수자 우위 시장에서 매수를 하고,
매도자 우위 시장에서 매도를 하자."

4

How?

'천기누설',
나눔부자의 부동산 잘 사는 법

· 10년 프로젝트! '아파트 투자 연금'
평생 받는 법! ·

—

· 수익형 부동산의 허와 실 ·

—

· 조물주 위에 건물주,
건물주 위에 지주 있다 ·

부동산 투자 방식은 매우 다양하다. 아파트와 주택을 비롯해 토지, 상가, 각종 수익형 부동산 등 투자 대상은 무궁무진하기 때문이다. 그렇다면 나에게는 어떤 투자 방식이 가장 잘 맞을까? 나에게 맞는 투자 방식에는 어떤 것이 있는지 확인해보자.

10년 프로젝트!
'아파트 투자 연금' 평생 받는 법!

꾸 준 한 공 부 와 발 로 뛰 는 임 장 은 필 수 다

투자자로서 당연한 일이지만 필자는 항상 부동산 관련 뉴스를 챙겨 본다. 뉴스 내용이 실제 시장 상황과 흐름을 100% 정확하게 반영하지 못한다고 하더라도 정부 정책의 방향성과 필자가 미처 인지하지 못한 새로운 소식을 듣기 위함이다.

지난 2014년, 뉴스를 보던 중 필자는 깜짝 놀랄 만한 내용을 접했다. 전국 최다 부동산을 보유(개인 기준)한 광주의 신모 씨에 대한 뉴스였다. 신모 씨가 보유한 부동산은 무려 2,312채로 서울부터 제주까지 전국 각지에 분포되어 있다고 했다. 뒤를 이어 같은 광주 지역에 거주하는 이모 씨는 2,062채를 보유한 것으로 나타났다.

지역별 최다 임대 주택 보유자

지역	나이	주택수
광주 서구	63	2,312
광주 남구	50	2,062
경기 화성	50	726
경기 수원	50	705
서울 양천	45	499
전남 광양	65	389
제주 제주	56	332
서울 영등포	46	309
충남 계룡	49	287
전북 전주	55	253

출처: 2014년 국토교통부 제공

뉴스를 접한 필자는 한 가지 궁금증이 생겼다. 압도적인 수치로 1, 2위를 차지한 인물들이 모두 광주에 거주한다는 사실이 놀라웠다. 뉴스에서는 현황만 가르쳐줄 뿐, 이러한 일이 가능했던 배경에 대해서는 한마디도 언급하지 않았다. 결국 필자는 스스로 조사에 나서기로 결심했다.

조사 대상은 1위를 차지한 신모 씨였다. 알고 보니 신모 씨의 경우 광주 지역 아파트와 빌라, 오피스텔의 '갭 투자'를 시작으로 점차 물건수를 늘려나간 것이었다. 전국 곳곳에 2,300여 채에 달하는 부동산을 보유하고 있었지만, 대부분의 물건은 광주에 몰려 있었다. 그렇다면 어떻게 이런 일이 가능했을까?

근거를 확인하기 위해서는 반드시 객관적인 자료가 필요하다. 아래의 표를 보자.

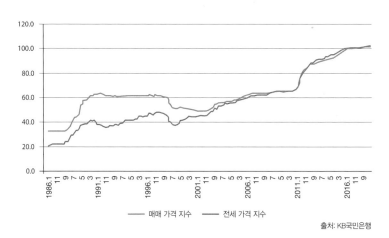

광주의 매매 가격 지수와 전세 가격 지수

━━ 매매 가격 지수　　━━ 전세 가격 지수

출처: KB국민은행

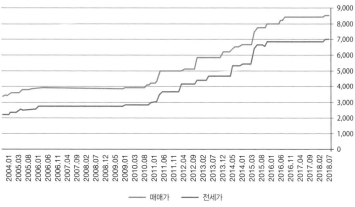

광주의 아파트 매매가와 전세가

━━ 매매가　　━━ 전세가

출처: KB국민은행

앞의 그래프에서 알 수 있듯이 당시 광주 지역의 매매 대비 전세 가격 차이는 약 500만 원 정도밖에 되지 않을 만큼 '갭'이 작았다. 쉽게 말해 500만 원이면 광주의 아파트 한 채를 살 수 있었던 것이다. 실제로 광주는 매매 대비 전세 가격이 제일 높은 지역이었다. 갭 투자에 특화된 조건, 바로 당시 광주의 상황이 그랬다.

물론 필자는 신모 씨가 이 같은 투자를 통해 얼마만큼의 돈을 벌었는지, 그리고 지금까지 얼마나 안정적으로 투자를 이어오고 있는지 잘 모른다. 다만 필자는 신모 씨와 같이 '무조건 양을 늘리는' 투자 방식은 선호하지 않는다. 자칫 부동산 시장이 가격 조정을 받거나 침체기에 들어서면 한순간에 무너질 수 있는 사상누각과 마찬가지인 까닭이다.

최근 화성 지역에 위치한 아파트 60채가량을 집중적으로 매수했던 한 투자자가 자금 경색을 이기지 못해 해당 물건이 대량으로 경매 시장에 흘러들어온 것도 이 같은 위험성을 사전에 인지하지 못했던 까닭이다. '안정성'에 근간을 두고 있는 필자의 투자 철학과는 궤도가 다르다.

사람들은 부동산 투자로 인한 수익 창출을 급하게 도모하는 경향이 있다. 부동산 투자는 앞서 말한 대로 '시간'을 구입하는 것으로 여겨야 한다. 누구에게나 공평하게 흘러가는 시간이 부동산 투자에게 있어서만 빠르게 흘러가리라고 기대하는 것은 애당초 잘못된 것이다.

필자가 추천하는 갭 투자 방식의 핵심은 '1년에 한 채'로 압축된다. 아래의 표를 보자.

1년차	2년차	3년차	4년차	5년차	6년차	7년차	8년차	9년차
1	1	2	2	4	4	8	8	16
			1	1	2	2	4	4
						1	1	2
								22

필자의 방식에 따라 계획적으로 투자가 진행되었다는 가정하에 9년이면 22채, 대략 10년이면 24채(실제로는 더 많지만 계산의 편의를 위해 24채로 설정했음)의 아파트를 보유할 수 있게 된다. 왜 24채일까? 통상 전세 계약은 2년 단위로 돌아간다. 즉, 24채의 아파트를 갖고 있으면 2년 기준, 한 달에 한 번꼴로 투자 수익금(전세 만기 후 매도 시 실현 수익)을 얻을 수 있다. 필자가 새롭게 만든 연금, 이른바 '아파트 투자 연금'의 이상적인 구조다. 또한 꾸준히 아파트 투자 연금을 받기 위해서는 기존의 물건 매도 후 수익을 제외한 초기 투자금을 바탕으로 또 다른 투자를 단행해야 한다. 아파트 투자 연금의 핵심은 2년, 24개월 기준, 매달 수익 창출을 기대할 수 있는 24채의 아파트가 전제되어야 하기 때문이다.

처음 시작은 종자돈을 만드는 것부터 해야 한다. 필자의 경험상 약 3,000만 원 정도만 있으면 충분히 아파트 투자가 가능했다. 해당 금액을 기준으로 투자 과정을 설명하면 다음과 같다.

먼저 3,000만 원의 종자돈으로 전세금 상승 지역의 아파트를 하나 매입해 2년 동안 전세를 놓는다. 이후 3년간 1년에 최소 1,000만 원씩 저축을 함으로써 또 다른 종자돈 3,000만 원을 마련한다. 새롭게 만든 종자돈으로 투자 4년차에 추가로 한 채를 매입하고, 동시에 기존의 아파트를 매도해 얻은 수익으로 또 다른 아파트 2채에 투자하는 식이다. 참고로 굳이 아파트를 매도한 후 새로운 물건을 재매입 하지 않고 기존 전세금에서 3,000만 원 올려받는다고 해도 같은 효과(3,000만 원의 수익 창출)가 있기 때문에 시장 상황에 따라 매도 혹은 전세 재계약을 선택하면 된다.

정리하자면 다음과 같은 과정을 거치며 투자 물량을 늘려나가는 것이다. 쉽게 말해 지금 매입한 1채가 2년 뒤 2채로, 2채가 또다시 2년 뒤 4채로 불어나는 식이다.

첫 번째 아파트 매입(3,000만 원 투자) → 새로운 종자돈 3,000만 원 저축(3년) 후 두 번째 아파트 매입 → 첫 번째 아파트 매도로 6,000만 원 수익 창출(기존 투자금 3,000만 원+가격 상승분 3,000만 원 혹은 전세 재계약 상승분 3,000만 원) → 6,000만 원으로 새로운 아파트 2채 매입

최종적으로 10년 동안 24채의 아파트를 보유해 안정적으로 돌릴 수 있다면 매달 3,000만 원에 해당하는 월급(수익)을 받는 것과 마찬가지인 상황이 된다. 1년에 3억 6,000만 원의 수익 중 1억 원 가량을 세금으로 납부한다고 해도 2억 6,000만 원의 '아파트 투자 연금'을 받게 되는 것이다. 심지어 내가 직접 일을 하지 않고 '시간'이란 직원이 대신 일을 해서 돈을 벌어준다. 그동안 나는 경제적, 시간적 자유를 마음껏 누리면 된다.

물론 이것은 어디까지나 이상적인 투자 사례 및 결과다. 실전에서는 매달 순차적으로 각 물건별 전세 만기 시기가 돌아오도록 맞추기도 어렵고, 만족할 만큼 가격 상승이 나타나지 않을 수도 있다. 시장의 상황에 따라 전세입자가 없거나 매도 역시 원활하지 않을 수 있고, 갭 자체가 3,000만 원보다 큰 물건도 얼마든지 있다. 다시 말하지만 이는 어디까지나 평균적인 금액을 가정한 필자의 이상적인 투자 방식일 뿐, 꼭 이와 같은 과정을 맞추기 위해 노력할 필요는 없다.

핵심은 매달 월급식으로 수익을 창출할 수 있는 투자재의 수량이 24채이며, 무엇보다 많은 부동산을 보유함으로써 다주택자가 된다는 사실에 대한 두려움을 떨쳐내는 것이다. 다주택자가 되어봤자 제한을 받는 것은 단 하나, 세금을 많이 내야 하는 것뿐이다. 아무렴 어떠한가! 세금을 많이 내는 것은 그만큼 수익을 많이 올렸다는 의미인데 말이다.

여기서 한 가지, '최선의 절세는 성실한 납부'라는 사실을 잊지 말자. 돈을 번 만큼 세금을 내는 것은 투자자뿐만이 아니라 국민 모두의 공통된 의무다.

다시 본론으로 돌아와 지금까지 설명한 '아파트 투자 연금'을 실현하기 위해서는 두 가지 조건이 필요하다. 기본적인 투자금과 상승 지역을 파악할 수 있는 '근거'가 바로 그것이다. 이 중 투자 근거에 확신을 갖기 위해서는 꾸준한 공부와 각 지역을 실제로 발로 뛰는 임장을 병행해야 한다. 또한 아무리 확신을 갖고 투자를 했다 하더라도 언제든지 일어날 수 있는 '투자 리스크(투자 위험)'를 감수해야 한다.

어떤 사업이나 장사를 하면서 수익을 얻으려면 그보다 더 많은 시간을 투자해 준비를 해야 하고, 예상치 못한 리스크까지 염두에 둬야 한다. 부동산 투자 역시 이와 같다. 그저 돈만 있다고 아무 아파트나 매입한 후 막연하게 수익 창출을 기대한다면 결코 순탄치 않은 인고의 시간을 오롯이 버텨야 할지도 모른다. 부동산도 결국 상품이다. 좋은 상품(아파트)을 고르는 눈을 갖지 못한다면 소비자(전세입자 혹은 매입 희망자)에게 외면받는 나쁜 상품을 품는 우를 범할 수밖에 없다. 아파트 투자로 연금을 받고 싶다면 그보다 더 오랜 시간 부동산 공부와 임장에 땀을 쏟아야 할 것이다.

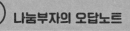

주변 입주량 체크,
투자 결정의 중요한 기준이다

필자는 2014년도에 경기도 수원시 영통동 영통 9단지 아파트에 투자를 했다. 인근에 삼성전자가 위치해 있는 아파트였고, 매매 대비 전세 가격이 적어 투자하기에 적절하다고 판단했다.

당시 먼저 투자한 지인의 의견도 긍정적인 영향을 미쳤다. 대구 촌놈이 수도권에 대해서 얼마나 알고 있었겠는가? 친구 따라 강남 간 꼴이었다. 일단 투자를 한 후 지역 분석을 해보니 동탄 2기 신도시에서 그리 멀지 않은 곳이었던 탓에 갑자기 불안감이 몰려왔다. 입주가 시작된다면 가격이 하락하지는 않을까 두려웠던 것이다. 다행히 전세 2년 만기 전에는 입주 물량이 그리 많지 않아 어느 정도 수익을 내고 매도를 했지만, 이후 병점역 인근과 동탄 1기 신도시에 갭 투자를 했던 사람들은 동탄 2기 신도시가 들어서자 매매가와 전세가가 내려가는 바람에 곤욕을 치르기도 했다.

여기서 얻어야 할 교훈은 매매가 대비 전세가가 적다고 무조건 투자를 결정하는 우를 범하지 말아야 한다는 것이다. 인근 입주 물량에 따라 아파트의 매도가 어려워질 수 있는 만큼 이에 대한 분석과 확인이 반드시 필요하다는 사실을 기억해야 한다.

나눔부자의 한마디

"매매 가격과 전세 가격의 갭이 적다고
무조건 투자하는 우를 범하지 말자."

수익형 부동산의 허와 실

원 룸 투 자, 만 가 지 걱 정 하 는 만 석 꾼 의 심 정
신축 원룸 매입 '신중', 원룸 업자+중개소 담합 '주의'

　　이제는 이른바 '100세 시대'가 일반적으로 받아들여질 만큼 기
대수명이 대폭 높아진 지 오래다. 이러한 현실에서 60세를 전후로
정년퇴직을 하는 공무원과 일반 직장인들은 물론, 많은 사람들이
노후를 위해 '수익형 부동산 투자'를 선택하는 경우가 늘고 있다.

　　필자 역시 지난 2011년, 기존에 하던 일을 그만둔 후 안정적인
월수입을 위해 원룸 건물을 매입한 경험이 있다. 몇몇 부동산 투
자를 실제로 해보며 알게 된 '원룸 투자 시 주의점'을 충분히 숙지
하고 있었음에도 불구하고 당장의 생활비와 내 집 마련이라는 두
마리 토끼를 잡겠다는 욕심이 앞서 대구 수성구 황금동의 한 신축
원룸 건물을 매입했다.

　　당시 대구 상인동에서 거주하던 필자와 아내는 자식들이 고등

학교에 입학하기 전에 교육 여건이 좋은 수성구로 이사할 계획을 세우고 있었다. 그러던 차에 때마침 퇴사를 하게 된 필자는 오랜 고민 끝에 일정한 월세를 받으며 꼭대기층에 내 집까지 마련할 수 있는 원룸 건물의 매입을 결심하게 되었다. 그동안 모았던 자금에 다소 무리해서 대출까지 끌어와 신축 원룸 건물을 매입한 필자는 그때까지만 해도 안정적이고 여유로운 '건물주의 삶'을 기대했다. 하지만 현실은 처참했다.

세입자들이 1층 분리수거장에 내놓은 쓰레기봉투를 고양이가 매일 찢어발기는 것은 예사였고, 문 밖에 내놓은 배달음식 그릇도 헤집어놓기 일쑤였다. 4층 건물 꼭대기에 입주한 필자는 수시로 분리수거장과 건물 내부를 돌아다니며 더러워진 공간을 치우느라 바빴다. 더구나 유흥시설이 밀집한 황금동의 특성상 아이들이 학원을 마칠 시간에 맞춰 배웅을 나가야 했다.

하루는 2층에 거주하던 세입자 집에 친구들이 몰려와 밤새 술판을 벌이고 소란을 피우다 결국 싸움까지 일으키는 바람에 경찰들도 들락거렸고, 늘 인근 주택에 살고 있는 주민들의 항의에 시달려야 했다. 한 번씩 뉴스에서 원룸 화재사고나 자살사고 소식이 나올 때면 가슴이 철렁 내려앉아 밤에 잠도 못 이룰 지경이었다. "만석꾼은 만 가지 걱정을 달고 산다"는 말을 절절히 체감했던 시기다.

원룸을 운영하던 당시 필자는 건물을 관리하느라 항상 시간이 모자랐고, 시시콜콜한 일들에까지 불평불만을 쏟아내는 세입자들에게 치여 심각한 정신적 스트레스를 받아야 했다. 평생 없던 원형탈모증까지 생긴 탓에 지인들과의 만남조차 피하는 극한 상황에 치달았을 정도였다.

무엇보다 필자를 힘들게 한 것은 그 지역에 새로운 원룸이 속속 들어서는 바람에 기존의 세입자가 빠져나가며 수익률이 나빠지는 것이었다. 이러한 상황을 타개하고자 필자는 월세를 낮추는 선택을 하게 되었다. 하지만 이 역시 다른 측면에서 수익률의 감소를 불러올 수밖에 없었고, 이후 주변 원룸과의 '제 살 깎아먹기 식 월세 경쟁'으로 또다시 수익률이 낮아지는 악순환이 반복되었다.

만약 수량(세입자)이 많은 데 비해 공급(원룸)이 적다면 높은 수익률을 기대할 수 있겠지만, 이러한 조건을 갖춘 지역은 결국 공급이 추가로 이루어지기 마련이다. 원룸 투자에 대한 환상, 즉 '원룸 투자는 안정적인 노후 연금을 보장해줄 것'이라는 고정관념을 벗어던져야 하는 이유다.

더욱이 아파트처럼 한 가정이 거주하지 않고 한 사람이 몸만 들어와 사는 경우가 많은 원룸은 그만큼 도배, 장판이나 기타 옵션들을 자주 수리해줘야 한다. 혹시나 세입자가 월세를 몇 달간 밀리더라도 지금의 법 테두리 안에서는 명도 소송을 통해 내보내야 하나, 최소 6개월 이상의 시간이 걸릴 뿐만 아니라 명도 비용을 청구하기도 쉽지가 않다. 결국 모든 리스크를 원룸 주인이 떠안아야 하는 경우가 허다하게 발생한다. 현 상황에서는 세입자와 집주인과의 소송에서 소위 '약자'로 표현되는 세입자에게 유리한 판결이 나는 판례가 많기 때문이다.

이쯤에서 원룸 투자에 대한 한 가지 비밀을 이야기해볼까 한다. 대부분의 원룸 건축은 원룸 건물을 지어 매매하는 소위 '원룸 업자'로부터 시작된다. 원룸 건물을 공급하는 원룸 업자는 매도에 앞서 부동산 중개소와의 '담합'을 통해 물건에 '거품'을 만들어놓는 사전작업을 우선적으로 시행한다.

실제 필자가 확인한 원룸 업자들의 거품 형성 방식은 이렇다. 원룸 업자가 부동산 중개소에 정해진 시세보다 높은 200~300만 원의 중개 수수료를 준 후 중개인은 해당 수수료 중 일부를 떼어내 세입자에게 제공한다. 예를 들어 그 지역의 평균 원룸 월세가 50만 원이라면 부동산 중개소에서 매월 10만 원씩, 1년에 120만 원을 지원해줌으로써 60만 원에 계약서를 작성하는 식이다. 그러면서 세입자에게는 이사비나 TV, 냉장고 등의 집기를 지원하는 명목으로 수십만 원에서 수백만 원을 별도로 건네는 것이다.

세입자 입장에서는 거절할 이유가 없다. 월세가 높아진다고 해서 세금을 더 내는 것도 아니고 주변 시세와 비슷한 가격에 풀옵션을 갖춘 신축 원룸에서, 그것도 한 달 월세에 달하는 추가 지원금까지 받을 수 있기 때문이다.

그렇다면 원룸 업자들은 왜 자신의 돈을 들여가며 이런 작업을 하는 것일까? 이유는 간단하다. 몇 백 혹은 몇 천만 원의 투자로 수억 원에 달하는 건물의 가치 상승을 이끌어낼 수 있기 때문이다. 15세대를 기준으로 했을 때 각 세대당 10만 원이 상승된 금액으로 계약서를 작성하게 되면 해당 원룸의 월 수익은 150만 원이 늘어나게 된다. 일반적으로 월 수익이 150만 원 올라가게 되면 건물의 가치는 1억 5,000만 원 이상 올라가게 된다. 150만 원×12개월=1,800만 원, 즉 1,800만 원에 중개 수수료 몇 백만 원을 더한 금액으로 1억 2,000만 원에 달하는 '거품'을 형성하는 것이다. 심지어 연 수익을 5% 올리는 데 성공해 매매가를 3억 원 이상 올린 경우도 있었다.

이렇듯 원룸 업자와 부동산 중개소의 잘못된 공생관계에 의한 피해는 퇴직 후 평생 모은 자금으로 원룸 투자에 나선 선량한 일반인들에게 돌아간다. 원룸 건물을 매입한 투자자들은 재계약 시기가 돌아올 때마다 당연히 기존의 월세 금액을 제시하기 마련이다. 하지만 세입자 입장에서는 같은 금액에 계약을 맺으면 월세가 10만 원 오른 것과 마찬가지가 된다. 때문에 다른 원룸으로 떠나가는 것이다. 결국 투자자는 10만 원을 낮춘 지역 평균 시세에 월세를 내놓을 수밖에 없다. 높은 수익률을 기대한 투자자로서는 '사기'를 당한 꼴인 셈이다.

아마 원룸 업자들과 일부 중개인들은 부동산 업계의 민낯을 밝힌 필자에게 돌을 던지고 싶을지도 모른다. 하지만 평생 모은 돈과 퇴직금으로 자신의 노후를 준비하는 선량한 서민들의 꿈을 이용하는 부정적인 돈벌이 방식은 결코 옹호하지 말아야 한다는 게 필자의 굳은 신념이다. 그럼에도 불구하고 원룸 투자를 하고 싶다면 목표로 삼은 원룸 건물에서 현재 살고 있는 세입자의 계약 금액을 믿지 말고 직접 발품을 팔아 같은 지역의 원룸 시세를 되도록 많이 확인하는 게 좋다. 특히 앞서 말한, 원룸 업자가 억지로 형성한 거품을 피하려면 신축보다는 3년 이상 안정적으로 유지되어 온 원룸을 매입할 것을 권한다.

끝으로 개인적인 경험상 원룸을 매입하더라도 한 건물에 살지는 않기를 바란다. 옛날 코미디 프로그램 '쓰리랑 부부'의 유행어 "맘에 안 들면 방 빼!"처럼 집주인이라고 해서 세입자를 마음대로 내보낼 수는 없기 때문이다. 그저 소일거리 삼아 자신이 스트레스를 받지 않는 선에서 적절히 관리하는 게 심신 건강에 좋다.

오피스텔 투자: 리스크↓, 시세 차익↓

원룸 투자와 같은 맥락에서 많은 사람들이 초역세권 오피스텔 투자에 대한 질문을 자주 하곤 한다. 결론부터 말하자면 오피스텔 투자는 리스크가 그리 많지는 않지만, 그렇다고 큰 수익을 내기도 어려운 구조다. 참고로 필자의 경험상 오피스텔보다는 소형 아파트가 훨씬 투자 가치가 높다.

　오피스텔의 강점은 중심 상업지역에 지어지기 때문에 초역세권에 위치한다는 점이다. 또한 1인 가구가 늘어나는 추세인 현대 사회에서는 꾸준한 수요를 기대할 수 있다는 장점도 있다. 하지만 주의해야 할 점이 있다. 바로 '평(3.3m^2) 단가' 부분이다.

　오피스텔은 평당 분양가가 아파트보다 저렴한 경우가 많다. 때문에 '오피스텔은 아파트보다 싸다'는 인식이 있지만 이는 잘못된 계산으로 인한 잘못된 판단이다. 아파트는 전용 면적이 약 75%인데 반해, 오피스텔은 50%가 되지 않는다. 쉽게 말해 공급 면적이 30평인 아파트와 오피스텔의 경우, 실제 사용할 수 있는 거주 공간(전용 면적)은 각각 22.5평과 15평인 것이다. 즉, 오피스텔의 평단가가 같은 넓이의 아파트에 비해 30% 이상 저렴하지 않으면 오히려 비싼 셈이다. 그뿐만이 아니다. 아파트에는 오피스텔에 없는 '서비스 면적'이 존재한다. 일반적으로 34평 기준 약 7평 정도가 추가로 제공되는 것이다. 요즘 아파트의 경우 서비스 면적에 확장 공사를 하게 되면 같은 면적 기준 오피스텔의 실사용 면적이 50% 정도 적다는 계산이 나온다.

　필자는 지난 2014년, 복수의 송도 지역 미분양 아파트에 투자를 했다. 한편 필자의 지인은 당시 송도의 오피스텔에 투자를 결정했다. 당시 오피스텔 분양업체에서 '초역세권, 아파트보다 낮은 분양가, 다수의 연구소 이전 예정, 수익률 보장'과 같은 광고를 쏟아냈는데 이런 것들이 지인의 구미를 당긴 모양이었다.

각기 다른 선택에 따른 결과는 1년 뒤 확연히 갈렸다. 입주가 시작되는 시점에 필자가 투자한 미분양 아파트는 평균 1억 원 이상 프리미엄이 오른 반면, 지인이 매입한 오피스텔은 전혀 프리미엄이 붙지 않은 것이다.

물론 모든 지역의 오피스텔 시세가 그대로인 것은 아니다. 특히 강남 지역의 오피스텔은 지속적인 월세 상승을 기대할 수 있다. 하지만 기회비용과 수익률 측면에서 봤을 때 오피스텔보다는 소형 아파트가 훨씬 유리하다. 오피스텔에 비해 초기 투자 비용이 다소 많이 들어갈 수는 있지만 월 수익이 더 높은 것은 물론, 추후 매도 시 큰 폭의 시세 차익을 실현할 수 있기 때문이다.

소형 아파트의 수요층은 신혼부부를 비롯한 일정 수의 가족인 경우가 많아 자주 이사를 가지도 않고, 월세를 미루지도 않는다. 반면 오피스텔은 옵션이 모두 갖춰져 있는 상태에서 몸만 들어와 살기 때문에 세입자들이 쉽게 거주지를 옮겨 다닌다. 또한 중개 수수료나 도배, 장판, 기타 가전제품 수리 등 추가 비용이 꾸준히 들어가는 것은 물론, 종종 월세를 밀리거나 아예 야반도주하는 일까지 벌어지곤 한다. 월세를 안 주고 나가는 세입자에게 연락을 취하거나 소송을 해서 받는 일은 쉽지 않다. 더욱이 민사소송을 해서 승소를 하더라도 상대에게 재산이 있어야 받을 수 있다. 리스크가 적다고는 하지만 엄연히 발생 가능성이 존재하는 투자인 것이다.

오피스텔은 원룸에 비해 리스크가 적고, 일정 수익을 기대할수 있는 수익형 부동산이다. 하지만 같은 투자금으로 같은 기간 동안 소형 아파트에 투자한다면 더 높은 수익 창출을 이끌어낼 수있다는 사실을 기억해야 한다. 선택은 결국 본인의 몫이다. 단, 어떤 선택이든 후회하지 않도록 보다 폭넓고 깊이 있는 공부를 선행함으로써 최선의 정답을 고르는 노력을 게을리하지 말아야 한다.

확정형 레지던스호텔 투자,
'아무도 수익을 확정해주지 않는 아이러니'

'1억 원에 3채 구입, 150만 원 확정 수익, 연 10% 수익 보장!'

인터넷과 각종 현수막에 내걸린 이른바 '확정형 레지던스호텔'의 투자를 유도하는 솔깃한 광고 문구다. 하지만 실제 속내를 들여다보면 사람들이 기대하는 것과는 사뭇 다르다.

먼저 실제 투자 금액이 다르다. 1억 원이라는 금액은 사실상 각물건을 담보로 최대한의 대출을 받았을 때 가능한 금액이다. 예를 들어 물건 한 채당 실거래 가격이 1억 원이라고 한다면 대출7,000만 원가량을 받는다는 가정하에 3채를 9,000만 원에 매입할수 있다는 계산이 나온다. 또한 확정 수익과 연 수익 역시 해당 대출에 대한 이자를 제외하지 않은 금액을 제시함으로써 사람들의 눈을 속이고 있다. 쉽게 말해 '해당 명제를 증명하기 위한 전제부터 틀린 셈'이다.

레지던스호텔은 여러 투자자가 방을 하나씩 매입한 후 공동으로 호텔을 운영해 수익을 배분하는 식이다. 하지만 수익 창출 여부를 확신할 수 없는 투자자 입장에서는 '수익이 안 나면 배당이 없을 것'이라는 생각에 투자를 망설이기 마련이다. 때문에 투자자를 모집하기 위해 일정 기간(일반적으로 10년을 많이 제시함) 수익을 확정해준다고 광고하는 것이다. 하지만 정말 약속한 기간 동안 정확하게 수익을 보장해줄까? 필자는 다소 회의적이다.

10년 동안 수익을 보장해주기 위해서는 그만큼 분양가를 올려야 한다. 예를 들어 수익을 확정해주지 않은 수익형 레지던스호텔이 1억 원이라면 같은 조건의 수익 확정형 레지던스호텔의 분양가는 1억 5,000만 원인 식이다.

각종 창구를 통해 광고를 하는 레지던스호텔이라고 하더라도 준공 허가가 나오지 않은 경우도 허다하다. 시행사가 일반 법인이기 때문에 일단 분양부터 완료하기 위해 무리수를 두는 탓이다. 인허가도 확정 안 된 레지던스호텔을 선분양 한 후 결국 허가를 받지 못해 오피스텔로 방향을 트는 일도 비일비재하다. 심지어 우여곡절 끝에 레지던스호텔로 허가가 나 완공을 할지라도 실제 운영 수익이 나지 않으면 약속과 달리 확정 수익을 못 주는 경우도 많다. '수익 확정형 부동산'이라는 타이틀을 보고 분양을 받았지만 아무도 자신의 수익을 보장해주지 않는 아이러니한 상황에 직면하게 되는 것이다.

이렇듯 수익이 나지 않는 물건을 분양 받을 경우 추후 매도하기도 힘들다. 개인 명의로 분양 받은 오피스텔은 거주용이나 사무실용으로 임대해 수익률을 회복할 수 있지만, 레지던스호텔은 공동 운영으로 수익을 내는 구조이기 때문에 환금성이 떨어져 쉽게 팔리지 않기 때문이다.

결론적으로 확정형 레지던스호텔은 원룸이나 오피스텔에 비해 리스크가 매우 높은 투자가 될 수 있다. 필자의 경험상 확정형 레지던스호텔은 그다지 매력적인 부동산 투자처가 아니다.

수익형 부동산 투자, '대출은 필수다'

수익형 부동산 투자에서 반드시 기억해야 할 점 하나, '수익형 부동산 투자는 최대한 대출을 이용해야 한다'는 것이다. 지방의 소형 아파트를 1억 원에 매입해 월세를 놓는다고 가정해보자. 해당 물건을 매입해 보증금 1,000만 원에 월세 40만 원으로 계약한다면 수익률은 4%가 된다.

$$수익률 = \frac{연간\ 임대\ 수익 - 연\ 대출\ 이자}{총\ 투입액 - 보증금 - 대출금}$$

해당 물건을 매입할 시 이율 4%의 대출 7,000만 원을 받았다고 했을 때 보증금까지 고려한 실투자금은 2,000만 원(매매가 1억 원-대출 7,000만 원-보증금 1,000만 원=실투자금 2,000만 원)이 된다. 단, 취등록세, 공인중개사 수수료, 법무사비 등은 제외한다. 보다 구체적으로 계산하면 연 수익 480만 원 중 대출금 7,000만 원에 대한 연 이자 280만 원을 내더라도 200만 원이 남게 된다.

한발 더 나아가 대출을 지렛대 삼아 실투자금 2,000만 원으로 1억 원짜리 소형 아파트 5채를 샀다고 가정해보자. 이럴 경우 대출 이자를 모두 내고도 연 수익은 '200만 원×5채=1,000만 원'이라는 계산이 나온다. 즉, 대출 없이 한 채를 샀을 때에는 1년 간 200만 원의 수익이 나지만, 대출을 받아 5채를 매입하면 다섯 배 이상의 수익이 창출되는 것이다.

무엇보다 이 같은 투자 방식의 핵심은 '아파트 시세 상승'에서 찾을 수 있다. 만약 소형 아파트 가격이 2년 뒤 한 채당 1,000만 원씩 오른다고 해보자. 이 경우 한 채를 샀을 때에는 1,000만 원의 추가 수익 창출에 그치지만, 5채를 매입했다면 5,000만 원의 시세 차익이 실현되는 것이다.

두 가지 경우를 계산해보면 월세는 1,000만 원의 수익이 나는 반면, 시세 차익은 5,000만 원이 오름으로써 월세 수익보다 상승 수익이 5배가 높아진다. 수익형 부동산에 투자할 때에도 단순히 월세 수익만을 바라보지 말고 시세 차익을 기대할 수 있는 물건을 찾을 것을 권한다.

1채를 매입할 경우

매입 금액	1억 원
연 수익	200만 원(480만 원-280만 원)
연간 시세 상승액	1,000만 원
합계	1,200만 원

5채를 매입할 경우

매입 금액	1억 원(2,000만 원×5채)
연 수익	1,000만 원(200만 원×5채)
연간 시세 상승액	5,000만 원(1,000만 원×5채)
합계	6,000만 원

이렇듯 부동산 투자를 위한 대출은 우리의 자산을 키워주는 '착한 빚'으로 작용한다. 지금 같은 저금리 시대에 대출이라는 지렛대를 이용한 수익형 부동산 투자로 우리의 자산을 키워나가는

것도 좋은 선택이다. 월세는 물가가 인플레이션이 되는 만큼 매년 덩달아 올라갈 것이고, 1~2인 가구가 늘어나는 추세 속에서 소형 아파트의 가치가 높아질 확률이 큰 까닭이다. 또한 대출을 받게 되면 추후 매도 시 유리하게 작용한다. 대출이 없는 1억 원의 소형 아파트를 매입할 경우 9,000만 원이 필요한 반면, 7,000만 원의 대출을 받은 물건은 실투자금이 2,000만 원밖에 들지 않아 투자자들이 선호하기 때문에 매도가 상대적으로 쉽게 성사된다.

누구나 빚을 지는 것은 피하고 싶을 것이다. 하지만 현명한 부동산 투자자라면 우선 '빚은 무조건 나쁘다'는 편견에서 벗어나야 한다. 빚을 통해 더 많은 수익을 창출할 수 있다면 말 그대로 '착한 빚'과 다름없다. "빚을 지는 것도 능력이다"라는 케케묵은 격언처럼 빚을 제대로 이용할 줄 아는 투자자야말로 최소의 자금으로 최대의 수익을 만들어낼 수 있다.

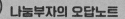

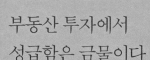

부동산 투자에서
성급함은 금물이다

필자는 직장을 그만둔 후 기존에 살던 아파트를 매매하고 전세입자의 삶을 선택했다. 남은 돈으로 수익형 부동산을 마련하기 위함이었다. 능력이 안 되는데도 불구하고 아이들을 수성구에서 교육시키고자 하는 마음이 크다 보니 무리하게 대출을 끼고 원룸을 매입하게 되었던 것이다.

앞서 설명했듯이 필자는 나름대로 부동산 투자에 일가견이 있다고 자부했었고, 업자들이 월세를 높이고 원룸을 매도한다는 사실도 충분히 인지하고 있었다. 하지만 당장 돈을 벌어야 한다는 초조함에 성급하게 원룸을 매입하게 되었다. 꼼꼼히 따져보지 않고 투자한 결과는 가혹했다. 필자는 원룸을 운영하는 동안 별다른 수익 없이 오직 월세만 받아 생활해야 했고, 결국 월세 수익만큼의 손해를 보고 매도를 해야 했다.

개인적으로도 힘든 시간을 보냈다. 오만 가지 일을 처리하느라 한 해 동안 행사나 모임에도 나가지 못했다. 당시 '이게 대인기피증인가'라는 생각이 들 정도였다. 원인은 잘 운영되지 않는 원룸에 있었다. 결과적으로 다소 손해를 보고서라도 매도를 한 것이 신의 한수였다. 처음부터 잘못 채워진 단추는 풀어버리고 다시 시작하는 게 정답이다. 만약 뭔가 잘못 선택한 투자처가 있다면 과감하게 처분하는 결단력도 필요하다.

나눔부자의 한마디

"부동산 투자 수익은 리스크에 대한
정신적 스트레스의 보상이다."

조물주 위에 건물주,
건물주 위에 지주 있다

언제까지 임대료에 쩔쩔매며 살 것인가?

　필자는 최근 토지와 상가 투자에 푹 빠져 있다. 내 오랜 꿈인 '지주'를 실현한 셈이다. 필자가 항상 주장하는 '조물주 위에 건물주, 건물주 위에 지주'라는 논리의 근거 역시 같은 맥락이다. 아파트, 상가, 빌딩도 부동산이라는 범주에 포함되지만 결국 부동산의 핵심은 '땅' 그 자체로 귀결된다. 우리가 발을 딛고 설 수 있는 땅이 없다면 애당초 부동산의 가치가 성립되지 않기 때문이다. 하지만 상가나 빌딩, 나아가 토지 투자는 서민들에게 언감생심이다. 연일 언론을 장식하는 '서장훈 300억 원 건물 보유', '박찬호 건물 400억 원 가치', '빅뱅 모 멤버 100억대 빌딩 매입' 등과 같은 기사들은 절대 다수를 차지하는 서민들에게 박탈감만 준다.

　필자 역시 마찬가지다. 심지어 부동산 투자를 시작한 지 꽤 많은 시간이 지난 후까지도 그저 아파트 갭 투자에만 집중했을 뿐, 빌딩이나 상가, 토지 투자는 엄두도 내지 못했다. 왜 그랬을까? 돌이켜 생각해보면 막연한 두려움과 편견 탓이었던 것 같다. 빌딩이나 토지는 '자금이 풍부해야만' 투자할 수 있는 분야라고 생각했던 것이다. 물론 아파트 갭 투자에 비해 어느 정도의 자금이 더 필요한 것은 사실이다. 하지만 일반인들이 생각하는 것처럼 수십, 수백억 원에 달하는 막대한 자금이 들어가지는 않는다. 그러한 경우는 강남을 비롯한 일부 핵심 지역에 한정될 뿐이다.

'조물주 위에 건물주, 건물주 위에 지주'라는 말마따나 많은, 좀 더 솔직히 말하면 대다수의 사람들이 건물주가 되는 것을 최종 목표로 삼고 있다. 특히 매달 임대료 때문에 쩔쩔매는 임차인의 경우 이러한 꿈의 농도는 더욱 짙어질 터다.

필자 역시 오래전부터 토지, 빌딩 투자에 큰 관심을 갖고 있었다. 단지 꿈에 머물렀던 목표들이 현실적인 거리로 다가온 것은 최근의 일이다. 지난해 바늘구멍 이대표와 함께 투자한 대룡마을을 비롯해, 새만금과 강화도 지역의 토지에 투자를 하기 시작했다. 건물주 혹은 지주를 향한 첫걸음을 뗀 셈이다.

각각의 토지에 투자를 하기로 결정한 이유에 대해 간략하게 살펴보자.

먼저 대룡마을은 부산 기장군 인근에 펼쳐진 동부산 관광단지의 호재를 기대하며 투자를 결정했다. 조만간 보유하고 있는 토지에서 문화콘텐츠 사업을 시작해 부동산 가치를 높일 계획이다.

새만금 사업은 '단군 이래 우리나라 최대의 국책 사업'이라는 타이틀에서 알 수 있듯이 확실한 토지 개발 사업이라는 점에서 투자를 결정했다. 특히 그간에는 진행 속도가 매우 더뎠지만, 현 정부 들어 본격적으로 추진을 도모하고 있는 만큼 또 한 번의 가치 상승을 기대할 수 있을 것으로 판단된다.

강화도는 앞서 말한 '부동산 시장의 흐름'에 근거를 뒀다. 필자는 현재 수도권 인근 지역의 토지 가치가 상승(토지 가격 상승)하는 단계라고 생각한다. 즉, 강화도의 지가는 여전히 상승 여력이 충분하다고 볼 수 있다.

각기 다른 이유이지만 필자는 이러한 이유로 세 군데의 토지에 투자를 단행했다. 여기서 한 가지, 토지와 빌딩, 상가 투자는 아파트와는 그 궤도가 완전히 다르다. 예컨대 아파트 가치를 판단하는 기준이 10가지라면 토지나 빌딩의 경우 그 기준이 100가지, 200가지로 대폭 늘어나는 식이다. 필자도 아직까지 토지나 빌딩 분야에 대한 공부가 한참 부족한 상태다.

토지가 부동산 투자의 '끝판왕'임은 명명백백하다. 반대로 말하면 그만큼 가치가 높은 토지에 대한 판단은 매우 복잡하고 어려운 일일 터다. 토지 투자는 아파트 투자보다 더욱 신중한 접근이 필요하다는 사실을 기억해야 한다.

'토지 투자 시 필수 확인 서류'

▲ 등기부등본

부동산 등기부는 부동산에 관한 권리 관계 및 현황이 등기부에 기재되어
있는 공적 장부다. 즉, 대상 부동산의 지번, 지목, 구조, 면적 등의 현황과
소유권, 저당권, 전세권, 가압류 등의 권리 설정 여부를 알 수 있다. 부동
산 등기부에는 토지 등기부와 건물 등기부가 있으며, 표제부·갑구·을구
로 구성되어 있다.

표제부에는 부동산의 소재지와 그 현황이 나와 있고, 갑구에는 소유권 및
소유권 관련 권리 관계(예: 가등기, 가처분, 예고등기, 가압류, 압류, 경매 등)를,
을구에는 소유권 이외의 권리 관계(예: 저당권, 전세권, 지역권, 지상권 등)를
표시한다. 을구는 해당 사항이 없는 경우도 많다. 대법원 인터넷등기소에
서 손쉽게 발급·열람이 가능하다.

(네이버 지식백과 발췌)

▲ 토지이용계획확인원

토지이용계획확인원은 토지에 대한 숨겨진 정보가 모두 모여 있는 문서
다. 토지이용규제 기본법에 근거한 토지의 이용 용도를 확인하는 문서로
서, 부동산 개발 시 토지에 대한 각종 규제와 허가 가능한 용도를 확인하
는 가장 기본적인 서류라고 할 수 있다.

토지이용계획확인원에는 신청인의 인적 사항과 신청 토지의 소재지 및 면
적 등이 표기된다. 또 「국토의 계획 및 이용에 관한 법률」에 따른 지역, 지
구 등의 해당 사항이 명시된다. 〈정부24〉의 민원서비스나 각 지역 주민센

터에서 발급 받을 수 있다.

■ 지목

토지이용계획확인원에 명시된 지목은 간단히 말해 '토지의 사용 목적'을 가리킨다. 토지의 주된 사용 목적을 구분한 지목은 1910년 토지 조사 당시 18개로 시작해 현재는 전, 답, 과수원, 임야, 공장, 도로 등 28개로 구분하고 있다.

지목은 토지 과세 목적의 수단으로 활용되며, 토지의 경제적 가치를 표현하고 토지 관련 정책 정보를 제공하는 데 이용된다. 개별 필지마다 하나의 지목이 설정되며, 만약 1필지가 2 이상의 용도로 활용될 때에는 주된 용도에 따라 지목이 설정된다. 또한 토지가 일시적 용도로 사용되는 때에는 지목을 변경하지 않는다.

지적 공부에 등록된 지목을 다른 지목으로 바꾸어 등록하는 것을 '지목 변경'이라고 하는데, 다음과 같은 경우에 지목 변경을 신청할 수 있다.

1. 「국토의 계획 및 이용에 관한 법률」 등 관계 법령에 의한 토지의 형질 변경 등 공사가 준공된 경우
2. 토지 또는 건축물의 용도가 변경된 경우
3. 도시 개발 사업 등의 원활한 사업 추진을 위하여 사업 시행자가 공사 준공 전에 토지의 합병을 신청하는 경우

(서울특별시 알기 쉬운 도시계획 용어 발췌)

거주지로는 최악, 상가로는 최고,
'주택 1층에 주목하라'

수백억 원대의 강남 빌딩주, 생각만 해도 짜릿하다. 필자도 굳이 강남 빌딩주를 마다하지는 않는다. 언젠가는 반드시 이루고 싶은 목표지만, 당장 실현하기 어려운 탓에 아직은 조금 더 먼 미래로 미뤄뒀을 따름이다.

최근 필자가 주목하고 있는 현실적인 목표는 '상가형 주택'이다. 서울에서 가장 핫하다는 연남동의 '연트럴파크'나 이태원의 '경리단길', 부산의 '온천천 카페거리' 등을 떠올리면 이해하기 쉬울 것이다. 이 지역들의 공통분모는 '주택 1층을 개조한 상가를 중심으로 한 상권'이라는 점이다. 다시 말해 해당 지역 상권의 핵심은 기존의 주택을 용도 변경한 후 상가화한 상가가 차지하고 있는 것이다.

여기서 주목해야 할 부분은 이러한 주택의 상가화에 따른 건물 가치의 획기적인 상승이다. 주택이나 아파트와 같은 거주 목적의 건축물은 대부분 '저층'을 그다지 좋은 물건으로 평가하지 않는다. 아파트 1층의 경우 많은 사람들이 선호하는 로얄층 대비 10%가량 저렴한 시세를 형성하는 게 일반적인 것도 이 같은 이유에서다. 주택 또한 마찬가지다. 주택 1층도 거주지로는 그다지 인기 있는 조건이 아니다. 하지만 이러한 주택 1층을 상가화한다면 이야기는 완전히 달라진다. 거주지로는 최악의 조건이었던 물건이 상가화를 마치고 나면 최고의 조건을 갖추게 되는 것이다. 참고로 어떤 상가든 1층에 가장 높은 임대료가 책정된다. 임대료는 곧 상가로서 갖는 가치, 즉 상가 1층은 아파트로 치면 로얄층과 같은 가치를 갖는 셈이다.

이제 현실적인 측면을 살펴보자. 앞서 예를 든 연트럴파크나 경리단길, 온천천 카페거리 등에 포진해 있는 이른바 '주택형 상가'는 처음부터 상업적인 목적으로 지어진 건물이 아니다. 구청으로부터 '용도 변경'을 허가 받음으로써 상가로 재탄생한 것이다. 결국 주택의 상가화를 위한 키key는 구청이 쥐고 있다고 할 수 있다.

결론부터 말해 상가화 투자를 결심했다면 마음에 드는 물건을 점찍은 후 곧바로 관할 구청의 건설과나 건축과를 찾아가는 게 우선이다. 특히 구청 방문에 앞서 상하수도시설이나 정화조시설, 주차장시설 등을 먼저 체크해야 한다. 주택과 상가의 허가 기준이 다르기 때문에 관련 시설에 대해 사전에 정확히 파악해두는 게 좋다. 이렇게 파악한 관련 내용을 기본으로 구청 내 담당과에서 상가화를 위해 필요한 보완사항을 확인한 후 해당 기준에 맞게 미흡한 점을 개선해나가면 된다. 또한 일부 업종(예컨대 주류, 유흥 등의 업종은 상업지구에서만 허가를 받을 수 있음, 반대로 카페와 같은 휴게음식점은 상대적으로 허가가 용이함)으로의 상가화를 비롯해 건물 자체적으로 상가화가 불가능한 경우도 있기 때문에 구청에서 최종 확인을 한 후 투자를 결정해야 한다.

　이쯤에서 독자들을 위한 '꿀팁'을 하나 제공해볼까 한다. 필자의 상가화 투자 노하우는 바로 물건 인근의 '건축사 사무소'를 방문하는 것이다. 물론 최종 허가 여부는 구청에서 결정되지만, 상가화 절차를 위한 기준을 누구보다 잘 알고 나아가 리모델링 및 시설 증·개축까지 할 수 있는 전문가는 바로 건축사이기 때문이다. 건축사 역시 자신들의 잠재 고객이 될 수 있는 투자자의 방문을 환영한다. 다소 사무적인 공무원들과는 달리 충분한 시간을 할애해 자세한 설명을 해주는 것도 투자자의 입장에서는 고마울 따름이다. 건축물에 새로운 생명을 불어넣어 가치를 재창조하는 마술, 필자가 주택 상가화 투자에 주목하고 있는 이유다.

용적률과 건폐율이란?

기본적인 용어이지만 의외로 용적률과 건폐율에 대한 정확한 이해가 부족한 경우가 많다. 용적률과 건폐율은 지역의 개발 밀도를 가늠하는 척도로 활용하는 중요한 기준이다. 그렇다면 용적률과 건폐율에는 어떤 차이가 있는 것일까?

▲ 용적률

'부지 면적에 대한 건축물 연면적의 비율'을 가리킨다. 참고로 연면적은 '대지에 들어선 하나의 건축물 바닥 면적의 합계'를 의미한다. 용적률이 크다면 대지 면적보다 건축물 연면적의 비율이 높다는 뜻으로, 그만큼 건물을 높게 지을 수 있음을 의미한다. 투자자의 입장에서는 용적률이 클수록 더욱 많은 투자 수익을 기대할 수 있다.

용적률 산정 공식은 '건축물의 연면적÷대지 면적×100'이다. 예컨대 100평 규모의 대지에 바닥 면적 50평짜리 10층 빌딩을 지었다면 해당 건물의 용적률은 '500(50평×10층)÷100(대지 면적)×100=500', 즉 500%로 계산된다.

▲ 건폐율

'대지 면적에 대한 건축 면적 1층 바닥 면적 합계의 비율'을 의미한다. 건폐율이 크다면 대지 면적보다 건축 면적의 비율이 높다는 것으로, 건물 규모를 넓게 지을 수 있다. 건폐율 역시 클수록 투자자에게는 유리하게 작용한다.

건폐율 산정 공식은 '건물 한 층의 바닥 면적÷토지 면적×100'이다. 예컨대 100평 규모의 대지에 바닥 면적 70평짜리 1층 건물을 지었다면 해당 건물의 건폐율은 '70(한 층 바닥 면적)÷100(토지 면적)×100=70%', 즉 70%라는 결론이 나온다.

좀 더 이해하기 쉽게 정리하면 '용적률은 건물 높이', '건폐율은 건물 넓이' 정도라고 생각하면 된다. 또한 용적률은 각 지자체별로 다르기 때문에 '지자체 조례'를 확인해야 하며, 건폐율은 어느 지역이나 동일하다. 용적률과 건폐율은 '토지이용계획확인원'을 이용해 용도 지역을 확인한 후 다음 표에서 해당 조건을 찾으면 된다.

용적률과 건폐율

용도 지역(법)		세분(시행령)	주 건축물	건폐율 (% 이하)	용적률 (% 이하)
도시지역	주거지역	제1종 전용주거지역	단독주택	50	50~100
		제2종 전용주거지역	다세대, 빌라	50	100~150
		제1종 일반주거지역	4층 이하 공동주택	60	100~200
		제2종 일반주거지역	평균 18층 공동주택	60	150~250
		제3종 일반주거지역	중·고층 주택	50	200~300
		준 주거지역	주거에 상업, 업무 기능	70	200~500
	상업지역	중심 상업지역	도심, 부도심의 상업	90	400~1,500
		일반 상업지역	일반 상업, 업무 기능	80	300~1,300
		근린 상업지역	일용품, 서비스 제공	70	200~900
		유통 상업지역	도시 내 및 지역 간 유통	80	200~1,100
	공업지역	전용 공업지역	중화학, 공해성 공업	70	150~300
		일반 공업지역	무공해성 공업	70	200~350
		준 공업지역	경공업 및 주거 기능	70	200~400
	녹지지역	보전 녹지지역	자연환경, 산림녹지 공간	20	50~80
		생산 녹지지역	생산을 위한 개발 유보	20	50~100
		자연 녹지지역	보전을 하되 제한적인 개발	20	50~100
관리지역		보전 관리지역	자연환경 보전이 곤란한 곳	20	50~80
		생산 관리지역	농림지역 지정이 곤란한 곳	20	50~80
		계획 관리지역	도시지역 편입이 예상된 곳	40	50~100
농림지역			농림업 진흥, 산림보전지역	20	50~80
자연환경보전지역			자연환경, 수자원 보호 육성	20	50~80

사업 수익 VS 건물 가치 상승,
'투자의 목적을 명확히 하라'

필자가 본격적으로 상가 투자에 나서게 된 것은 부산의 온천천 카페거리를 둘러보고 난 후였다. 온천천 카페거리는 서울 연남동 일대 및 이태원 경리단길과 같이 최근 새롭게 형성된 상권으로, 낮은 층수의 주택형 상가를 중심으로 이루어졌다. 물론 꾸준히 상가와 토지 분야 투자에 대한 관심을 갖고 있던 차에 온천천 카페거리와 연트럴파크, 경리단길을 둘러본 후 그 가능성을 확신했다.

부산 동래구 안락동에 위치한 온천천은 약 5년 전부터 동네를 관통하는 온천천을 중심으로 카페거리가 조성되기 시작했다. 기존의 주택 소유주와 몇몇 투자자들이 건물을 상가화하기 시작해 현재는 부산은 물론, 전국에서 방문객이 찾아오는 명물거리로 탈바꿈했다. 상권이 넓어지자 지자체에서는 아예 해당 지역을 '온천천 카페지구'로 지정해버렸다. 온천천 인근 부동산의 가치를 지자체에서 공인한 셈이다.

온천천 카페거리의 성공 비결로는 여러 가지를 꼽을 수 있다. 먼저 강을 따라 형성된 상권 덕분에 소위 '강 뷰River View'의 혜택을 누릴 수가 있다. 서울의 청계천변 카페를 떠올리면 된다. 여기에 최근 트렌드에 맞는 아기자기하고 독특한 인테리어의 가게들이 들어서며 각종 SNS를 통해 자연스럽게 홍보가 이루어지고 있다. 새로운 명소가 탄생한 것이다.

이제 투자자의 시각으로 돌아가보자. 필자가 실제로 해당 지역을 방문했던 3년 전, 평당 시세는 약 1,000만 원 내외였다. 물건에 따라 다르겠지만 현재는 평균적으로 따져봐도 무려 3배 이상 오른 시세가 형성되어 있다.

잠시 넋두리를 해보자면, 당시만 해도 필자가 부동산 투자에 본격적으로 나선 지 얼마 안 되었던 까닭에 이미 여러 물건에 투자를 마친 상태였다. 당시 투자한 물건들에서 수익이 실현되기 시작한 것은 그로부터 몇 년 뒤였다. 온천천 지역 주택의 높은 잠재적 가치를 파악했음에도 현실적으로 더 이상 투자 금액을 마련할 수 없었던 탓에 눈물을 머금고 발길을 돌렸던 기억이 아직도 생생하다. 가정은 의미가 없지만, 만약 필자가 당시 100평 정도의 토지에 투자를 했다면 무려 25억 원의 수익을 올릴 수 있었던 것이다. "돈이 웬수다"라는 말을 실감했던 쓰디쓴 경험이었다.

필자가 거주하는 대구 칠성동의 옛 공장 부지도 최근 각광받고 있는 지역이다. '빌리웍스'와 같이 기존의 공장 형태를 그대로 살린 이른바 '공장형 카페'가 속속 들어서며 젊은 층이 대거 몰리는 현상이 일어나고 있다. 이외에도 대구 반월당의 '남산제빵소'는 공장 창고를 카페로 리모델링해 승승장구하고 있고, 필자의 지인이 직접 운영하는 부산 영도의 '젬스톤'은 수영장을 개조해 카페로 탈바꿈시킨 독특한 인테리어가 입소문을 타며 연일 장사진을 이루고 있다.

상가는 아파트와 달리 '자신이 직접 사업체를 운영할 수 있다'는 특징이 있다. 또한 한발 더 나아가 상가 투자는 결국 '토지'와도 맥이 맞닿아 있다. 즉, 상가 투자는 곧 토지에 대한 투자나 마찬가지라는 의미다. 명실공히 부동산 투자의 정수라고 할 수 있는 이유다.

여기서 주목해야 할 점은 '투자의 목적에 따른 방식'이다. 토지를 포함한 상가 투자는 그 목적에 따라 방식이 달라진다. 각각의 목적에 대해 보다 자세히 살펴보면 크게 3가지로 나눌 수 있다.

- 자신이 직접 사업체를 운영하는 경우
- 타인에게 임대를 주고 월세를 받는 경우
- 부동산 자체의 가치 상승을 도모하는 경우

먼저 자신이 직접 사업체를 운영하거나 임대 사업을 목적으로 하는 경우 일반적인 부동산 투자와는 다소 궤도가 다르다. 이러한 투자 방식은 매달 들어오는 일정한 수익을 기본으로 한다. 즉, 연금과 같은 현금 수익을 올리는 데 목적을 둔 투자다. 물론 자연적인 시세 상승으로 인한 부동산 가치의 제고는 부가적인 부분이다.

필자가 주목하는 방식은 부동산 자체의 가치 상승을 이끌어내는 것이다. 부동산 투자자의 입장에서 직접 사업을 운영하거나 최대한 임대료를 적게 내려는 임차인에게 상가를 내주는 것은 그리 좋은 선택지가 아니다. 물론 서장훈 씨나 박찬호 씨처럼 수백억 원에 달하는 건물에서 매달 수천만 원의 임대료가 나온다면 이야기는 달라지겠지만, 어디까지나 앞서 말한 '서민도 충분히 가능한 상가 투자'의 경우 투자에 따른 기대 수익이 낮아질 수 있는 것이다.

그렇다면 부동산 자체의 가치 상승은 어떻게 가능할까? 이에 대한 답을 찾기 전에 한 가지 질문을 던져보겠다.

"당신이 상가 투자를 한다면 어떤 조건의 물건을 사겠는가?"

그렇다. 방금 당신의 머릿속에 떠오른 생각이 바로 정답이다. 어느 누구도 소위 '파리 날리는' 상가에 투자를 하지는 않는다. 장사가 잘되는 가게의 권리금이 높듯, 상가 역시 임대료가 높고 수요가 꾸준한 물건이 높은 가치를 인정받는 것이다.

다시 본론으로 돌아가서 필자가 구상하고 있는 부동산의 가치 상승 방식은 이렇다.

먼저 필자가 상가를 매입한다. 이후 필자의 상가에 들어올 임차인을 구한다. 단, 계약 과정에서 임차인과의 협의를 통해 필자는 아주 저렴한 보증금과 월세(상가 투자 시 받은 대출 이자 정도)로 약정 기간 동안 상가를 임대해주고, 임차인은 자신이 받은 혜택만큼 인테리어나 시설 및 설비 등에 추가로 투자를 하는 것이다.

상가를 산 투자자는 언뜻 아무런 이익이 남지 않는 것처럼 보인다. 그저 대출에 대한 이자만 다달이 충당하는 정도다. 반면 임차인은 뜻하지 않게 큰 혜택을 받은 것처럼 느껴진다. 당초보다 인테리어나 시설 등에 들어가는 비용은 다소 높아졌을지 몰라도 보증금과 가장 부담이 되는 월세가 획기적으로 줄어들었기 때문이다.

그렇다면 투자자는 그저 '호구'일까? 아니다. 투자자가 임차인에게 준 혜택만큼 임차인은 창업에 더 많은 돈을 쏟게 된다. 원래 인테리어 비용으로 5,000만 원을 책정했다면 임대인과의 협의를 통해 임대료를 깎는 대신 인테리어 비용을 2,000~3,000만 원 올리는 식이다. 즉, 임대인이 자신의 수익을 줄임으로써 임차인의 투자금을 높여주는 셈이다. 단, 임차인이 투자를 결정할 만큼 달콤한 당근, 예컨대 아주 낮은 임대료나 계약 기간 보장 등은 필수적으로 제시해야 한다.

이처럼 인테리어나 시설 등에 대한 투자 비용이 높아지면 가게 내부와 영업 환경이 그만큼 좋아지기 마련이다. 잘 꾸며진 가게가 앞서 언급한 빌리웍스나 남산제빵소 등과 같이 SNS상에서 유명세를 타는 '핫플레이스'가 된다면 손님이 몰려들 것이고, 자연스럽게 건물의 가치는 상승하게 된다. 간단히 정리하자면 '임대인과 임차인 간의 윈윈 계약으로 건물, 나아가 토지 자체의 가치를 대폭 상승시키는 투자 방식'인 것이다.

물론 단점도 있다. 일단 저렴한 임대료 탓에 투자 수익을 기대할 수 없고, 현재 추진 중인 「임대차보호법」으로 인해 향후 매도가 쉽지 않을 수도 있다. 반면 이러한 단점에서 파생되는 숨겨진 장점도 명확하다. 바로 '임차인의 안정적인 사업'이다. 최근 젠트리피케이션과 같은 사회적 현상으로 인해 자영업자의 부담이 커진 상황이다. 이러한 가운데 저렴한 임대료로 일정 기간 안정적인 사업을 보장해주는 해당 방식은 결국 임대인(투자자)과 임차인 모두가 상생하는 최선의 방법이라고 생각한다.

투자 목적 및 방식에 따른 장단점 분석

▲ 직접 운영 혹은 임대료를 통한 수익형 부동산 목적

　장점: 매달 일정 '현금 수익'을 기대할 수 있음

　단점: 직접 운영 시 인건비 및 추가 투자 비용(리모델링 비용 등), 개인 시간 소멸, 임대 운영 시 임차인과의 소통, 재계약 문제 등

▲ 위탁 운영을 통한 건물의 가치 상승 목적

　장점: 영업에 대한 부담감 및 기타 추가 비용 없음, 임차인의 투자로 건물 가치 극대화 기대

　단점: 투자 수익(임대료) 최소화, 「임대차보호법」(현재 10년으로 개정 추진 중)에 의해 향후 매도 시 문제 발생 여지 있음

재개발 주변 상권에 주목하라

"나무를 보지 말고 숲을 보라."

일정 지역을 대대적으로 정비하는 재개발 사업에서도 알토란 같은 상가 투자 물건을 찾을 수 있다. 재개발 투자의 핵심은 당연히 아파트다. 재개발 지역의 물건을 선점하거나 약간의 프리미엄을 붙여 매입해 수익을 올리는 것이 주요 골자인 것이다. 하지만 아파트라는 나무에서 눈을 돌려 주변을 둘러보면 진흙 속 진주와 같은 투자 기회를 잡을 수 있다.

현재 가락동에서 진행 중인 약 1만 세대 규모의 대단지 재개발 사업 '송파헬리오시티'를 예로 들어보자. 송파헬리오시티가 입주를 마치게 되면 1만 세대, 2만 5,000여 명의 신규 주민이 새롭게 둥지를 틀게 된다. 하나의 도시가 운영되는 최소 인구를 약 4만 명이라고 했을 때 송파헬리오시티만으로도 한 도시의 60%에 가까운 인구가 채워지는 셈이다. 이 정도의 인구가 유입되면 해당 지역의 상권 가치는 완전히 달라진다. 단순히 생각해도 유동인구의 증가에 따라 잠재고객이 늘어나기 때문이다. 즉, 송파헬리오시티 인근의 상가 가치가 폭등하게 되는 것이다. 실제로 관리 처분 인가를 기준으로 송파헬리오시티 인근의 상가는 최소 2배 이상 시세가 올라갔고, 여전히 상승세를 기록하고 있다. 아예 투자할 물건 자체가 드문 상황인 만큼 향후 추가로 상승장에 돌입할 여지도 충분하다.

　재개발 지역 상가의 매수 타이밍 역시 '관리 처분 인가'가 핵심이다. 이유는 입주권과 마찬가지로 '안정성'에 있다. 재개발 사업 추진 발표만으로도 이미 상가의 시세가 어느 정도 올라가 있을 확률이 높기 때문에 약간의 추가 상승을 감수하더라도 안정성이 확보되는 관리 처분 인가 후로 투자 시기를 잡는 것이 현명하다. 또한 철거가 시작된 시기도 좋은 매수 타이밍으로 꼽힌다. 철거가 본격화되면 눈에 보이는 곳곳이 소위 '유령 도시'를 연상케 할 만큼 폐허가 되기 때문에 상가까지 관심을 갖기 힘들다. 견물생심이란 말마따나 아직 결과물이 눈에 보이지 않는 탓에 상가 투자에 적극적이지 않은 것이다. 물론 일부 투자자들로부터 시작되는 기대 가치가 존재하는 까닭에 어느 정도의 가격 상승은 일어나기 마련이지만, 몇 년이 걸리는 재개발 사업의 특성상 철거 초반에는 아직 상승 여력이 남아 있을 확률이 높다.

　매도 시기 역시 매우 중요하다. 상가도 아파트와 마찬가지로 대세 상승장이 있다. 예컨대 카페촌이 한창 형성되는 시기에는 어떤 물건이든 시세가 올라가게 되어 있다. 하지만 지역 상권이 완성된 후 임대료가 지나치게 높아지면 젠트리피케이션이 일어나 공실이 생기기 쉽다. 과거 압구정 로데오거리나 최근 공실률이 높아지는 추세인 가로수길이 젠트리피케이션으로 인한 상권 상실의 대표적인 사례다. 때문에 상가의 매도 시기는 상권이 뜨거운 감자가 되었을 때로 잡는 게 좋다. 과거에 비해 임대료가 높아졌지만, 여전히 수요가 충분한 상황이라면 큰 시세 차익을 기대해볼 수 있을 것이다.

다시 한 번 말하지만 어느 누구도 부동산 시세의 고점과 저점을 정확히 알지는 못한다. 음식도 욕심껏 먹으면 자칫 체할 수 있듯, 부동산 투자 역시 지나친 욕심은 금물이라는 사실을 기억해야 한다.

아울러 재개발 지역의 상가에 투자를 하고자 한다면 '출입구'에 주목해야 한다. 쉽게 말해 '주출입구'와 '부출입구' 인근의 주택을 매입해 상가화하거나, 자금이 풍부하다면 아예 기존 상가를 매입하는 것도 좋다. 투자에 앞서 주출입구와 부출입구 앞 도로가 얼마나 확장되는지도 확인해야 한다. 도로 확장 여부에 따라 상가의 가치가 달라지기 때문이다. 당연히 도로가 확장되어 유동인구가 많아지는 편이 좋다.

도로 확장에 주목해야 하는 이유는 또 있다. 도로 확장 규모에 따라 '매입해야 하는 물건'이 달라지는 까닭이다.

대구 신암뉴타운 지역을 나타내는 다음 지도를 보면 도심을 관통하는 도로가 눈에 보인다. 바로 이 도로가 확장 예정인 곳이다.

자, 한번 생각해보자. 2차선 도로가 4차선 혹은 6, 8차선으로 넓어진다면 어떤 현상이 벌어질까? 2차선 바로 옆에 있던 건물은 허물어지고 그 뒤에 있던 건물, 즉 한 블록 뒤에 늘어선 건물들이 새

대구 신암뉴타운 지도

롭게 도로와 가장 인접한 곳에 위치하게 된다. 일반적으로 가장 가치가 높은 상가가 도로변에 위치하는 경우가 많은데, 도로가 확장됨에 따라 그간 홀대받던 '미운 오리 새끼'가 황금알을 낳는 '백조(닭)'로 거듭날 수 있는 것이다.

여기까지 말하면 많은 사람들이 '그런 정보는 일부 부자나 거물급 부동산 투자자만 알 수 있지 않느냐'고 반문할지 모른다. 충분히 공감한다. 필자 역시 부동산 투자를 시작하기 전에는 그러한 고급 투자 정보는 일부 특권층만의 전유물로 여겼던 까닭이다. 하지만 지금까지 언급한 모든 정보는 누구에게나 공개되어 있다. 정부나 지자체의 국토개발계획이나 도시정비계획, 사업 관련 기관이 내놓는 재개발계획 등의 각종 정보가 친절하게 정리까지 되어 완전히 오픈되어 있다.

트레저헌터treasure hunter(보물 사냥꾼) 사이에서는 "땅을 파지 말고 정보를 파라"는 격언이 있다. 부동산 투자자 역시 이들과 똑같다. 좋은 투자 기회를 잡기 위해서는 그 무엇보다 '정보'를 우선적으로 확인하고 분석해야 한다. 돈을 줘야 구할 수 있거나 어느 누구만 녹점하는 특별한 정보가 아니다. 정부와 공공기관, 지자체가 작성해 공개하는 정보만으로도 흘러넘칠 만큼 충분한 투자 기회를 잡을 수 있다.

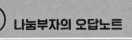

조금 더 높은 곳에서
부동산을 바라보라

3년 전, 필자는 부산의 투자자들과 온천천으로 임장을 다녔다. 필자에게 부산의 투자자들은 부동산 투자의 스승이자 파트너였다.

당시 서서히 카페가 들어서기 시작한 온천천 인근의 주택은 평당 1,000 만 원 내외였다. 아쉽게도 자금 사정으로 투자를 하지는 못했는데, 해당 물건의 현재 시세는 무려 3배 이상이나 올랐다.

온천천 카페거리가 형성되기 얼마 전, 필자는 부산 상가 전문 투자자와 함께 다시 온천천을 찾았다. 예전에는 보지 못했던 강변 데크가 설치된 덕분에 거리 전체가 깔끔한 모양이었고, 다수의 유명 프랜차이즈가 들어 서는 등 상권 전체가 확연히 달라진 것을 체감할 수 있었다. 심지어 예전 에는 염두에 두지 않았던 뒷골목에까지 카페가 들어서고 있었다.

만약 필자에게 이러한 상황까지 예측할 수 있는 상가 투자 관련 지식이 있었더라면 미리 뒷골목 정도는 선점할 수 있었으리라는 아쉬움이 들었 다. 하지만 필자는 온천천 카페거리를 통해 새로운 꿈을 꾸게 되었다. 바 로 대구에 온천천처럼 성장할 수 있는 지역을 찾아 '오아시스 거리'를 만 드는 것이다. 이를 위해 필자는 지금 한창 대구의 유망 단지를 임장하고 있다. 이 책이 나올 때쯤이면 현실화될 오아시스 거리를 그리며 말이다.

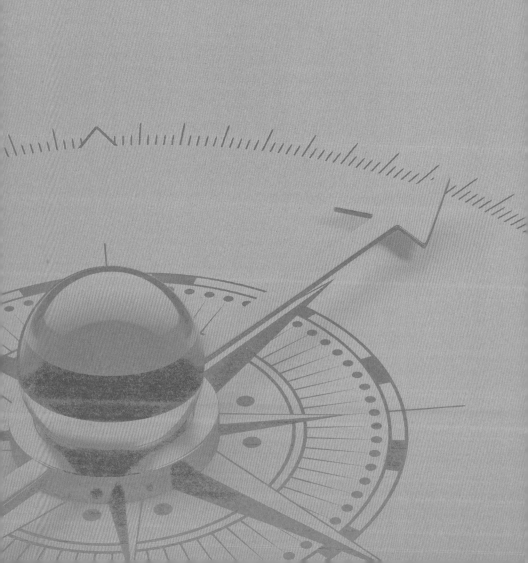

내 부동산 투자는
오답투성이였다

이 책은 필자의 첫 단독 작품이다. 처음이 갖는 의미는 누구에게나 특별할 터, 필자 역시 첫 책을 쓰는 내내 더 나은 내용을 담고자 깊이 고민하고 또 고민했지만 집필을 마친 지금도 여전히 부족하게 느껴질 따름이다.

필자가 집필을 끝낸 것은 기상관측을 시작한 1904년 이래 최악의 폭염이 이어진 8월의 첫째 주였다. 당초 책을 쓸 생각이 없었던 내가 바늘구멍 이대표를 비롯해 〈짠돌이 카페〉·〈부동산오아시스〉 회원들, 함께 발품을 팔던 지인들의 권유에 못 이겨 펜을 잡은 지 어느새 100일이 훌쩍 지난 시점이었다.

'감회가 새롭다'라는 표현처럼 그간 필자가 직접 경험하며 얻은 부동산 투자의 노하우를 한 글자, 한 글자 꾹꾹 눌러 담는 과정

속에서 참으로 어리석었던 본인의 과거를 새삼 깨달을 수 있었다.

사실 투자자라면 일반적으로 자신의 실패담을 꺼내는 것을 지양하기 마련이다. 어느 누가 많이 실패한 이의 노하우를 배우고 싶어 하겠는가? 필자 역시 실패한 투자 이야기를 하는 일은 퍽 쑥스럽다. 하지만 굳이 필자가 스스로의 치부를 내보이는 이유는 이 책을 읽는 대다수의 독자들이 과거의 나와 같은 '서민', 나아가 '흙수저'일 거란 생각에서다. 당신들과 같은, 어쩌면 더 힘들었던 필자의 경험을 반면교사 삼아 조금 더 빠르게 삶의 전환점을 맞이하길 바라는 마음이다.

돌이켜 생각해보면 필자의 투자 인생은 실패의 연속이었다. 때로는 지식과 경험이 부족해서, 또 때로는 성급한 마음에 잘못된 결정을 내리기도 했다. 투자자로서 과감한 결단을 내리지 못해 머뭇거리는 사이 수많은 기회가 주마등처럼 스쳐지나갔으니 통탄할 노릇이다. 무려 15년 전에 부동산 투자에 첫발을 디뎠지만 본격적으로 투자에 나선 지는 4년에 불과한 것도 필자의 결단력이 부족했던 탓이다. 하지만 필자는 《아웃라이어》라는 책에서 주창하는 '1만 시간의 법칙'을 믿으며 수많은 실패를 자양분 삼아 꾸준하게 공부와 경험, 투자를 반복했다. 어떤 분야든 10년 동안 꾸준히 정진한다면 누구든 해당 분야의 전문가가 될 수 있으리라고 믿었다.

이 책은 결코 필자의 자랑을 늘어놓기 위해 쓴 것이 아니다. 어찌 보면 필자의 해묵은 '오답노트'에 가깝다. 부디 독자들이 과거 필자의 아둔함을 통해 부를 향한 빠른 길을 찾아갈 수 있도록 '나침반'으로 그 방향을 안내해주고자 한다.

끝으로 필자의 작은 지식과 경험이 필요하다면 누구든 언제든 어디든, 반드시 찾아갈 것을 약속하며 독자 모두의 건강과 건승, 무엇보다 '경제적 자유인'이 되는 길을 하루빨리 찾기를 간절히 기원한다.

– 여름의 한복판에서,

독자들의 부를 응원하는 나눔부자 김형일

빠송　하루도 빠지지 않고 부동산 전망에 대한 글을 올린다. 《대한민국 부동산 투자》, 《서울 아니어도 오를 곳은 오른다》 등 다수의 책을 출간한 입지 분석의 대가이자 전국 부동산 투자자다.

블로그 주소 http://nland.kbstar.com

박범영　10년 전 경제적 자유를 얻은 〈텐인텐〉의 카페지기. 마음 내킬 때마다 세계 곳곳으로 여행을 떠나는 자유인이다. 다른 이들에게도 경제적 자유를 선물하고자 자신의 노하우를 전수하고 있다.

카페 주소 http://cafe.daum.net/10in10

아기곰　부동산계의 아버지로 불리는 부동산 투자의 대부. 부동산 투자의 정석이자 교과서로 인정받는다. 《아기곰의 재테크 불변의 법칙》 외 다수의 책을 출판했다.

블로그 주소 https://blog.naver.com/a-cute-bear

김유라　'복부인'이라는 닉네임 그대로 과감하게 투자를 해온 그는 부동산과의 만남을 통해 삶의 새로운 전환점을 맞이했다. 그가 운영하는 '선한부자 프로젝트' 블로그에 주목하자.

블로그 주소 https://blog.naver.com/ds3lkl

대왕소금　75만 회원의 〈짠돌이카페〉 카페지기이자 명실공히 대한민국 대표 짠돌이(였다). 나눔부자와의 만남으로 부동산 투자에 눈을 뜬 후 불과 2년 만에 '실수익 10억 원'을 실현, 인생의 전환점을 맞이했다. 나눔부자와 함께한 투자 경험 및 결과를 낱낱이 기록한 《부자가 된 짠돌이》의 저자로 새롭게 떠오르는 부동산 투자계의 샛별이다.

블로그 주소 http://cafe.daum.net/mmnix

주지오 - 우리나라 도시 현상에 관심이 많은 주택 투자 전문가. 전국에 발품을 팔아 축적한 데이터를 토대로 강의를 하고 있다. 부동산이 좋아서 군대도 30살에 갔을 정도로 열정이 넘치는 젊은 투자자다.

블로그 주소 http://blog.daum.net/jjoqwert

골목대장　서울 지역 부동산 분석 및 재건축 투자 강의를 전문으로 한다. 최근 몇 년간 골목대장이 추천한 아파트가 수억 원 이상의 수익을 창출했음은 공공연한 비밀이다. 강의 마감까지 1분도 걸리지 않으므로 부지런함은 필수다.

블로그 주소 https://blog.naver.com/ssaurajin7

렘군 부동산계의 스티브 잡스로 불린다. 자신의 부동산 투자 원칙과 방법을 일반인들도 쉽게 적용할 수 있도록 'zip4'를 설립, 데이터를 기반으로 한 부동산 투자 전략으로 주목받고 있다.

블로그 주소 http://blog.naver.com/biboi99

남호 이성주 투자 경력 16년의 베테랑. 인연을 중시하는 오지랖 넓은 현장 투자자다. '닥치고 현장'의 리더로 활동하며 부동산의 답은 현장에 있다는 철학을 가진 이 시대 마지막 의리맨이다.

블로그 주소 https://blog.naver.com/s2luck

고상철 대한민국 토지 분야의 대표 강사로 '부동산 공법의 신'이라 불린다. 토지 개발 관련 강의를 많이 하는 것은 물론, 공인중개사를 대상으로 수업을 진행할 정도로 해박한 지식을 자랑한다.

블로그 주소 https://blog.naver.com/ko372

길목 돈이 보이는 길목을 짚어주는 상가 전문 투자자다. '모든 상가는 길목을 잡아야 한다'는 뜻을 담아 이름을 지었다. 전국에 안 다녀본 상권이 없고, 실전 경험을 중심으로 강의를 한다.

블로그 주소 https://blog.naver.com/ckwsnhu

김종성 나눔부자가 한눈에 반한 재개발 전문 투자자. 덕분에 서울 지역 재개발 투자에 성공할 수 있었다. 오직 재개발 투자 한 우물만 파는 우리나라 최고의 재개발 전문가다.

해안선 분양권의 대가. 아파트 분양권이 있는 곳이라면 제주도까지 비행기를 타고 날아가는 열정을 가지고 있다. 전국 분양권 분석 강의와 실전 투자를 병행하고 있다.

블로그 주소 https://m.blog.naver.com/sungwoo9111

지성 부동산 투자 법인 운영의 노하우를 공유하는 경매 전문가. 자신의 법인 운영 경험을 토대로 강의를 진행한다. 블로그 〈지성의 부동산 투자 이야기〉를 통해 많은 사람들과 소통하고자 노력한다.

블로그 주소 https://blog.naver.com/dlagud12

장삿갓 4개월 만에 부동산 중개사 자격증을 획득한 수재. 그의 뜨거운 열정은 투자자들 사이에서 유명하다. 현재 부산에서 공인중개사로 활동 중이며, 〈우리 부자 재테크〉 카페를 운영하고 있다.

블로그 주소 https://blog.naver.com/soheejang82

이강재　재개발·재건축 전문 투자자로서 가족 모두가 이와 관련된 일에 종사한다. 그만큼 모든 삶의 초점이 재개발·재건축에 맞춰져 있다. 〈부동산 원스톱〉 카페를 운영하며 재개발·재건축 강의를 한다.

투에이스　부동산 투자의 한 축은 바로 세금이다. 은행 근무 이력을 가진 그는 자신의 지식을 살려 세금 관련 강의를 진행하고 있다. 누구보다 충실한 커리큘럼을 인정받는다.

블로그 주소 https://blog.naver.com/tbank

핑크팬더　《후천적 부자》라는 책을 필두로 한 해 1~2권씩 책을 쓰는 저자다. 경매부터 주식까지 투자 경험을 두루 갖춘 투자자로, 〈천천히 꾸준히〉라는 블로그를 운영하고 있다.

블로그 주소 https://blog.naver.com/ljb1202

토지대장　누구보다도 토지 투자를 깊게 알고 경험한 토지 전문 투자자. 나눔부자 역시 이번 부산 토지 투자에 큰 도움을 받았다. 〈토지대장 부동산 투자〉 블로그를 운영 중이다.

블로그 주소 https://blog.naver.com/k2m332

빌사남　빌사남은 '빌딩과 사랑에 빠진 남자'의 줄임말로, 주로 중소형 빌딩과 꼬마 빌딩의 투자 자문을 하고 있다. 업계 최초로 빌딩 실거래가 조회 앱인 '빌사남 앱'을 만들어 투자 혁신을 주도하고 있다.

블로그 주소 http://blog.building0.com/

서울휘　부동산 경매를 통한 상가 투자에 주력하는 (주)부동산클라우드의 대표. 풍부한 기획력을 바탕으로 부동산과 관련해 다양한 콘텐츠를 생산하고 있으며, 《나는 상가에서 월급받는다》 등 3권의 저서를 집필했다.

블로그 주소 seoulwhi.com

빌부　〈부동산오아시스〉 회원들을 대상으로 하는 이른바 '부오스터디'를 이끌고 있다. 아파트 투자 기초, 대출, 부동산 투자자를 위한 에버노트 강의도 병행하고 있다.

블로그 주소 blog.naver.com/mortar81m

휘파람　〈부동산오아시스〉에서 경·공매 이론 수업과 스터디를 운영하고 있다. 여러 사업을 해온 경험을 바탕으로 다양한 부동산 투자를 성공적으로 시행하고 있는 투자계의 꿈나무다.

블로그 주소 https://blog.naver.com/fivecaptain

보리나무 《맞벌이 부부의 돈 버는 부동산 투자》와 《36세, 내 집을 가져라》의 공저자로, 재테크 인성 공동체인 〈부드림학교〉 카페를 운영 중이다. 부부가 같이 부동산 투자에 관심이 많고 함께 투자자로서 삶을 살아가고 있다.

블로그 주소 https://blog.naver.com/ywj2003

정쾌호 부산에서 손꼽히는 재개발·재건축 전문 실무가다. 부동산협동조합을 설립해 이사장을 지내고 있으며, 《재개발·재건축 이제 시작이다!》의 저자로 왕성한 활동을 하고 있다.

블로그 주소 https://blog.naver.com/jkh119jkh

제네시스박 대기업에 재직 중인 부동산 투자자로, 수많은 절세 비법을 보유하고 있다. 복잡하고 딱딱한 세금을 쉽고 재미있게, 그리고 시각화를 통해 전달하기 때문에 '친절한 제네시스박'으로 불린다.

블로그 주소 https://blog.naver.com/genesis421

루시 부동산 투자에 첫발을 뗀 블로그 마케팅 강사다. 블로그를 통해 쉐어하우스 1·2호점의 만실을 연이어 입주 전 달성, 공실 없이 운영하고 있다.

블로그 주소 https://hanyesuel.blog.me/

큐에미 직장을 다니면서 부동산 공부를 하는 투자자. 안정적인 투자를 지향하는 그는 '공부만이 투자에서 살아남는 방법'이라고 말한다. 매일 밤을 하얗게 지새우는 열정적인 투자자다.

블로그 주소 https://blog.naver.com/gostma0/

와이민 현직 주식 투자 전문가이자 부동산 투자자다. 시황이나 개별 물건보다는 투자에 대한 원리와 철학 그리고 실행 방법에 집중하고 있다. 부동산 투자법인 '처남 재테크 교육 프로그램'로 많은 이의 공감을 얻고 있다.

블로그 주소 blog.naver.com/yminsong

루 〈시루의 소액투자 연구소〉 소장이자 《월급으로 당신의 부동산을 가져라》의 저자. 16년차 직장인으로 2005년부터 부동산 투자를 시작했다. 아파트와 토지에 적극적으로 투자하며 행복하고 설레는 하루하루를 보내고 있다.

블로그 주소 https://m.blog.naver.com/siru13118

1 KB부동산 http://nland.kbstar.com

국민은행에서 운영하는 '리브온'. 매물과 시세 그리고 대출과 분양에 대한 자료가 총 망라되어 있다. 가장 대중적이고 편하게 이용할 수 있는 사이트다. 과거 주택은행을 인수한 국민은행은 우리나라 주택에 관한 빅데이터가 가장 풍부하다. 특히 '월간 KB 주택 가격 동향'과 '주간 KB 주택 가격 동향'을 비롯해 각종 시계열 자료는 모든 투자자들이 투자의 지표로 쓰는 빅데이터다. 필자의 강의 자료 역시 해당 사이트에서 다수 발췌한다.

2 온나라부동산정보 통합포털 http://www.onnara.go.kr

국토교통부가 운영하는 온나라부동산정보 통합포털 사이트에서는 부동산 관련 보고서와 주요 이슈 그리고 행정 관련 자료 등을 검색할 수 있다. 부동산 관련 각종 민원 업무도 처리가 가능하기 때문에 실무적인 측면에서도 좋다.

3 스마트국토정보 https://m.nsdis.go.kr/index.jsp

필자는 스마트국토정보 애플리케이션을 애용한다. 스마트폰만 있으면 전국 모든 지역의 토지와 건축물에 대한 자료를 한눈에 볼 수 있다. 지적도까지 표시해주기 때문에 임장에 아주 유용하게 이용된다.

4 디스코

최근 떠오르고 있는 부동산 애플리케이션. 오직 스마트폰으로만 사용이 가능하다. 디스코는 최근 상가와 토지에 대한 실거래 가격을 자세하게 가르쳐준다. 최근 거래 날짜와 거래 가격 그리고 층별로 건축물의 크기까지 나오므로 현장에서 토지 가격을 바로 체크하기에 유용하다.

5 한국감정원 http://www.kab.co.kr

두말할 필요 없는 필수 방문 사이트. 국토교통부 산하 공기업으로 부동산의 가격 공시 및 통계·정보 관련 업무를 비롯해 부동산 정책 수립을 위한 조사·관리 업무를 수행하고 있다. 특히 한국감정원에서 운영하는 한국감정원 부동산 통계 정보에서는 부동산의 모든 통계를 실시간으로 그래프화해서 제공하고 있다.

6 아파트투유 https://www.apt2you.com

금융결제원이 운영하는 아파트투유는 아파트와 오피스텔 등 신규 주택에 대한 청약을 신청할 수 있는 사이트다. 주택청약종합저축과 청약저축, 청약예금, 청약부금 등 각종 청약통장에 가입한 사람이라면 신청 자격이 주어진다. 과거에는 컴퓨터만으로 청약 신청이 가능했지만 최근에는 스마트폰으로도 청약 신청이 가능하도록 개편되었다.

7 일사편리 http://www.kras.go.kr

종합증명서 열람 및 발급을 해야 한다면 일사편리 사이트를 이용하는 게 좋다. 일사편리에서는 지적, 건축물, 토지, 가격 등기 등 부동산 관련 서류를 하나로 통합한 부동산 종합증명서를 발급 및 열람할 수 있다.

8 밸류맵 https://www.valueupmap.com

토지 및 건물의 실거래 가격을 한눈에 볼 수 있도록 만든 애플리케이션이다. 디스코는 스마트폰으로만 이용할 수 있으나, 밸류맵은 컴퓨터에서도 가능해 손품 팔기가 편리하다.

9 직방 https://www.zigbang.com

직방은 과거 원룸을 기반으로 한 부동산 서비스를 제공했으나, 지금은 아파트까지 범위를 확대한 빅데이터를 소비자에게 전달하고 있다. 최근에는 '호갱노노'를 인수함으로써 투자자들이 많이 이용하는 매매 가격과 전세 가격을 한눈에 볼 수 있도록 개편을 마쳤다.

10 부동산계산기 https://www.bugye.net/

부동산 양도세, 취득세, 중개 수수료, 대출 이자 등 매매와 임대 시 간편하게 계산할 수 있는 애플리케이션으로 투자자들 사이에서는 필수로 손꼽힌다.

11_ 민원24 http://www.gov.kr

국민 누구나 행정기관에 방문할 필요 없이 집, 사무실 등 어디서나 1년 365일 24시간 민원을 안내·신청·열람·발급할 수 있도록 대한민국 정부에서 운영하는 전자민원 서비스다. 본격적인 전자정부가 시작된 후 인터넷만 연결되어 있으면 모든 민원을 해결할 수 있도록 관련 기반을 개선하고 있다. 전입신고도 민원24에서 가능하며, 주민등록초본과 주민등록등본 등도 공인인증서만 있으면 무료 발급이 가능하다.

12_ 대법원 인터넷등기소 www.iros.go.kr

토지등기부등본과 건물등기부등본을 발급하는 기관으로서 관련 서류의 열람 및 발급이 가능하다. 법인등기부등본도 발급이 가능하며, '전자신청하기'를 통해 등기 신청도 가능해 이른바 '나 홀로 등기'도 할 수 있다.

13_ 국토교통부 실거래가 공개시스템 http://rt.molit.go.kr

아파트 실거래가 조회 서비스는 국토교통부에서 제공하고 있다. 투자자라면 일반 기업의 자료를 참조하되 국토교통부에서 제공하는 실거래가 사이트에서 한 번 더 확인해야 한다. 아파트 실거래가, 개별 공시지가, 단독주택 및 공동주택 가격 등의 자료는 물론, 투기 과열지구, 주택 거래 신고 지역에 관한 정보도 얻을 수 있다.

14_ 토지이용규제정보서비스 http://luris.molit.go.kr

토지의 현황과 목적, 즉 지목과 용도 지역을 무료로 확인할 수 있다. 토지 투자를 한다면 해당 사이트를 통해 토지의 현황과 목적 등을 수시로 확인해야 한다. 해당 정보를 모르고 토지 투자를 한다는 것은 장님 코끼리 다리 만지는 것과 같은 일인 까닭이다.

15_ 통계청 http://kostat.go.kr

통계청은 통계 업무를 관장하는 대한민국의 중앙행정기관이다. 통계청에서는 우리나라의 전반적인 경제 관련 빅데이터를 제공하고 있다. 인구와 물가, 주택 총조사, 건설업 조사 등 부동산에 대한 모든 자료를 수집할 수 있다.

16_ 산지정보시스템 http://www.forestland.go.kr

산지의 구분 현황, 용도별 현황, 경사도, 표고(기준 면으로부터 수직 높이), 토심(흙의 깊이), 토성(흙의 성질), 지형 등의 정보가 있다. 산지의 이용 방향을 예측할 수 있어 산지 투자에 유용하게 이용된다.

17_ 온비드 http://www.onbid.co.kr

한국자산관리공사가 관리·운영하는 사이트로 공매 정보를 볼 수 있다. 참고로 공매는 체납된 세금을 강제로 징수하는 절차다. 온라인 입찰도 가능하기 때문에 공인인증서만 있다면 인터넷으로도 공매 절차 진행이 가능하다.

18_ LH 한국토지주택공사 http://www.lh.or.kr

아파트 분양 정보, 입주 자격, 분양 절차 안내, 인터넷 청약 시스템을 제공한다. LH 청약센터(https://apply.lh.or.kr)에서는 토지 입찰이 가능한 것에 대해 공시가 되며, 인터넷을 통해서 청약도 가능하다.

부의 나침반

2018. 9. 20. 1판 1쇄 발행
2018. 10. 12. 1판 2쇄 발행

지은이 | 김형일
펴낸이 | 이종춘
펴낸곳 | BM 주식회사 성안당
주소 | 04032 서울시 마포구 양화로 127 첨단빌딩 5층(출판기획 R&D 센터)
　　　 10881 경기도 파주시 문발로 112 출판문화정보산업단지(제작 및 물류)
전화 | 02) 3142-0036
　　　 031) 950-6300
팩스 | 031) 955-0510
등록 | 1973. 2. 1. 제406-2005-000046호
출판사 홈페이지 | www.cyber.co.kr
ISBN | 978-89-315-8284-0 (13320)
정가 | 15,000원

이 책을 만든 사람들

기획 · 편집 | 백영희
교정 | 권영선
표지 · 본문 디자인 | 박소희
홍보 | 박연주
국제부 | 이선민, 조혜란, 김혜숙
마케팅 | 구본철, 차정욱, 나진호, 이동후, 강호묵
제작 | 김유석

■ 도서 A/S 안내

성안당에서 발행하는 모든 도서는 저자와 출판사, 그리고 독자가 함께 만들어 나갑니다.
좋은 책을 펴내기 위해 많은 노력을 기울이고 있습니다. 혹시라도 내용상의 오류나 오탈자 등이 발견되면 "좋은 책은 나라의 보배"로서 우리 모두가 함께 만들어 간다는 마음으로 연락주시기 바랍니다. 수정 보완하여 더 나은 책이 되도록 최선을 다하겠습니다.
성안당은 늘 독자 여러분들의 소중한 의견을 기다리고 있습니다. 좋은 의견을 보내주시는 분께는 성안당 쇼핑몰의 포인트(3,000포인트)를 적립해 드립니다.
잘못 만들어진 책이나 부록 등이 파손된 경우에는 교환해 드립니다.